爆笑小古文

传统美德篇 上

时间岛图书研发中心 编著

图书在版编目（CIP）数据

爆笑小古文：全8册/时间岛图书研发中心编绘.——太原：山西人民出版社，2023.5
ISBN 978-7-203-12766-6

Ⅰ.①爆… Ⅱ.①时… Ⅲ.①文言文－小学－教学参考资料 Ⅳ.① G624.203

中国国家版本馆 CIP 数据核字 (2023) 第 069547 号

爆笑小古文：全8册

编　　绘：时间岛图书研发中心
责任编辑：刘　远
复　　审：傅晓红
终　　审：梁晋华
装帧设计：冯　光

出 版 者：山西出版传媒集团·山西人民出版社
地　　址：太原市建设南路21号
邮　　编：030012
发行营销：0351-4922220　4955996　4956039　4922127（传真）
天猫官网：https://sxrmcbs.tmall.com　电话：0351-4922159
E—mail：sxskcb@163.com 发行部
　　　　　sxskcb@126.com 总编室
网　　址：www.sxskcb.com

经 销 者：山西出版传媒集团·山西人民出版社
承 印 厂：三河市同力彩印有限公司

开　　本：787mm×1092mm　1/32
印　　张：16
字　　数：480千字
版　　次：2023年5月 第1版
印　　次：2023年5月 第1次印刷
书　　号：ISBN 978-7-203-12766-6
定　　价：158.00元（全8册）

如有印装质量问题请与本社联系调换

目 录

- 01 秦穆公
- 07 魏颗
- 13 祁黄羊
- 19 公仪休
- 25 魏文侯
- 31 商鞅
- 37 韩信
- 43 张苍
- 49 直不疑
- 55 郭伋

一个在时间岛屿,
手握星辰,执笔成书的乌托邦,
立志将历史故事抽丝剥茧,
带你进入时光隧道。

秦穆公

用马换勇士的春秋霸主

朝代：春秋

即位时间：公元前659年

身份：秦国第九代国君

主要事迹：称霸西戎

典故：羊皮换贤

名人访谈

您好！听说您十分爱惜马。

是的，骏马难求，我还曾专门请伯乐为我相马。可是有一次，我竟然丢了一匹好马，那次我还亲自出去找了。

后来找到那匹马了吗？

找到了，不过，它已经变成马肉，被一群人吃了。

啊？您当时肯定很生气吧？

我心里非常不舒服。可是，马已经死了，生气有什么用呢！我并没有和那些人计较，还赏酒给他们喝了。

您如此大度，杀马的人肯定惭愧极了。

最自豪的事： 和齐桓公、晋文公、楚庄王、宋襄公合称"春秋五霸"。

> 故事再现

食马得酒之恩

——选自《说苑》

秦穆公尝出，而亡①其骏马，自②往求之，见人已杀其马，方③共食其肉。穆公谓④曰："是吾骏马也。"诸人皆惧而起。穆公曰："吾闻食骏马肉不饮酒者杀人。"即以次饮之酒。杀马者皆惭而去。居⑤三年，晋攻秦穆公，围之。往时食马者相谓曰："可以出死报食马得酒之恩矣。"遂溃围，穆公卒⑥得以解难，胜晋，获惠公⑦以归。此德出而福反也。

需要知道的意思

① 亡：丢失。② 自：亲自。③ 方：正，正在。④ 谓：对……说。⑤ 居：历，经，过了。⑥ 卒：终于，最终。⑦ 惠公：晋国国君。

最不后悔的事： 用5张黑公羊皮把百里奚从楚国赎回。

译文

秦穆公曾经外出时不小心丢失了自己的骏马,他亲自出去寻找,看见有人已经把自己的马杀了,正在一起吃马肉。秦穆公对他们说:"这是我的骏马。"这些人都害怕得站了起来。秦穆公说:"我听说吃骏马的肉而不喝酒是会死人的。"于是(秦穆公)依次给他们酒喝。杀马的人都惭愧地离开了。过了3年,晋国攻打秦国,包围了秦穆公。以前那些杀马吃肉的人相互说:"到了可以为穆公拼死作战,报答他给我们吃马肉喝好酒的恩德的时候了。"于是他们击溃了包围秦穆公的军队,穆公终于解除了危难,并打败晋军,抓住了晋惠公才回来。这就是给人恩惠而得到福佑的回报啊!

秦穆公求马

秦穆公非常喜欢骏马,就请善于相(xiàng)马的伯乐帮忙,伯乐向他推荐了自己的好友九方皋(gāo)。于是,穆公请九方皋帮自己找一匹好马。过了几天,九方皋兴冲冲地跑来,说:"我找到了一匹好马。"穆公高兴地问:"是匹什么样的马?"九方皋说:"是匹黄色的母马。"

穆公让人把马牵来,谁知竟是一匹黑色

的公马。穆公对伯乐说："你这位朋友连马的颜色和雌雄都分不清，我怎能相信他找的是匹好马呢？"伯乐这时长叹一声，说道："九方皋相马竟然达到了这样的境界！他真是高出我千万倍。九方皋看到的是马的天赋和内在灵性。他深知马的精妙，而忘记了它的粗糙之处；明悉它的内部，而忘记了它的外在。九方皋只看见他所需要看见的，只视察他所需要视察的。他相中的这匹马的价值，远远高于千里马的价值！"秦穆公骑上去一试后，发现果然是匹好马。

成长心语

秦穆公的马被别人杀了，他不但不生气，反而以德报怨，送给人家一壶酒。这件事说明秦穆公宽厚仁爱，不在小事上斤斤计较，是个心胸宽广的人。

魏颗
善有善报的大将军

史称：令狐文子

朝代：春秋

身份：晋国将军

主要事迹：打败秦军，抓住了秦国猛将杜回

名人访谈

魏颗先生,战争开始前,您觉得晋国能打败秦国吗?

这个很难预料。因为秦桓公派的是勇猛善战的名将杜回。

所以,这次能大败秦军,您也感到有些意外吗?

对!但让我更没想到的是,事情过去那么久了,那位老人竟一直记着我没有让他女儿殉葬的事。

您当时选择只执行父亲清醒时的命令,不让老人的女儿殉葬而是将她嫁人,也没有想过要他们报答吧?

完全没有。我只是觉得殉葬太残忍了,不忍心那样做。没想到那老人家一直感念在心……

最贴切的形容:明礼敦厚.

> 故事再现

结草报恩

——选自《左传》

魏武子有嬖（bì）①妾，无子。武子疾②，命颗曰："必嫁之。"疾病③，则曰："必以为殉④。"及卒⑤，颗嫁之，曰："疾病则乱，吾从其治也。"及辅氏之役，颗见老人结草以亢杜回，杜回踬（zhì）⑥而颠，故获之。夜梦之曰："余，而所嫁妇人之父也。尔⑦用先人之治命，余是以报。"

魏颗结草：表示受恩深重，竭力报效。

需要知道的意思

① 嬖：受宠，被宠幸。② 疾：生病，病重。③ 病：病情加重。④ 殉：古代用人或物随葬。⑤ 卒：死。⑥ 踬：跌倒，绊倒。⑦ 尔：你。

译文

魏武子有一个受宠爱的妾，她没有生儿子。魏武子生病了，吩咐儿子魏颗说："我死后一定要嫁了她。"病情加重后，（魏武子）又改口说："一定要让她为我殉葬！"等到魏武子死后，魏颗把她嫁了，说："人病重了就神志不清，我听从他清醒时候的话。"等到辅氏之战时，魏颗看到一个老人把草打成结来缠住秦将杜回，杜回绊倒在地，所以魏颗俘虏了他。夜里（魏颗）梦见那个老人说："我是你所嫁妇人的父亲。你执行你父亲清醒时候的命令，我以此作为报答。"

衔环报恩

在华阴山北，有一只黄雀跟猫头鹰搏击，不幸掉在树下，后又被蝼蚁围困。

最难忘的一场战役：秦晋辅氏之战.

东汉人杨宝当时9岁,路过此地时,正好看到了这一幕,于是起了怜悯之心,救了那只受伤的黄雀,并把它带回家,悉心照料。

百天后,黄雀伤好飞走了。当天夜里,有一个黄衣童子向杨宝拜谢,说:"我是西王母的使者,受伤落到华阴山,承蒙您搭救我,实在感激不尽。"

于是他送给杨宝四枚玉环,对杨宝说:"它可以保佑您的子孙位列三公,且为人处世像这玉环一样洁白无瑕。"

之后,果如黄衣童子所言,杨宝成了一代名儒,

令狐姓氏的由来:因战功被晋国君主封于令狐(今山西省临猗县),其后代以祖上封地为姓。

他的儿子杨震、孙子杨秉、曾孙杨赐、玄孙杨彪四代人都官至三公,而且为人刚正不阿,公正清廉,备受世人称赞。

后来,人们就将老翁"结草"和黄雀"衔环"两个传说结合在一起,用来比喻感恩报德,至死不忘。

成长心语

魏颗的一次善举,成就了自己大将军的美名。他的善良与老人的知恩图报都很让人感动。我们应该像他们一样,多做善事、好事;当我们受到别人的帮助和恩惠时,也要心怀感激。

关于报恩的典故:结草衔环 投桃报李 慈乌反哺 羊羔跪乳 一饭千金

祁黄羊

大公无私的四朝元老

本名：祁奚

字：黄羊

身份：四朝元老

朝代：春秋

生卒年：公元前620—前545年

名人访谈

祁黄羊先生,您好!您推荐自己的儿子做官,不怕别人在背后说您徇私吗?

我之所以会推荐自己的儿子,是因为他适合这个职位。我心里坦荡无私,别人爱说什么就说什么吧。

那解狐真的是您的仇人吗?

没错,他杀死了我的父亲。

既然这样,您为什么还要推荐解狐呢?

很简单,因为满朝文武中,他最适合这个职位。我的职责是为国家推荐合适的人才,至于他是我的亲人还是仇人,那又有什么关系呢?

您一心为公的精神真让人钦佩。

最突出的品质: 公忠体国,公而忘私。

> 故事再现

祁黄羊去私

——选自《吕氏春秋》

晋平公问于祁黄羊曰:"南阳无令①,其谁可而为之?"祁黄羊对曰:"解(xiè)狐可。"平公曰:"解狐非子之雠(chóu)②邪?"对曰:"君问可,非问臣之雠也。"平公曰:"善。"遂用之。居有间(jiàn)③,平公又问祁黄羊曰:"国无尉④,其谁可而为之?"对曰:"午可。"平公曰:"午非子之子邪?"对曰:"君问可,非问臣之子也。"平公曰:"善。"又遂用之。国人称善焉。

> 需要知道的意思

① 令:当时的一种官职。② 雠:同"仇",这里指仇人。
③ 居有间:过了一段时间。④ 尉:古代官名,一般是武官。

最满意的评价: 外举不隐仇,内举不隐子。

译文

晋平公向祁黄羊问道:"南阳缺个县令,你看谁能担任这个官职?"祁黄羊回答说:"解狐可以担任。"晋平公说:"解狐不是你的仇人吗?"(祁黄羊)回答说:"大王问的是谁可以担任这个官职,而不是问我的仇人是谁。"晋平公说:"很好。"于是任用了解狐。过了一段时间,晋平公又问祁黄羊说:"国家缺一个掌管军事的官,你看谁能担任此职?"祁黄羊回答说:

最了不起的事:推荐杀父仇人担任南阳令。

"祁午可以。"晋平公说:"祁午不是你儿子吗?"祁黄羊回答:"大王问谁能担任此官职,而不是问我儿子是谁。"晋平公说:"很好。"于是任用了祁午。国人知道后都称赞祁黄羊。

政治上不得志的"四朝元老"

祁奚是山西省祁县人,晋国公族献侯之后。出身贵族的他,年少时便受到良好的教育,通晓礼仪而文武兼备。

周简王十四年(公元前572年),晋悼公即位,祁奚被任命为中军尉。祁奚在朝为官约六十年,是四朝元老。他公忠体国,誉满朝野,深受人们爱戴。盂(yú)县、祁县均设有祁大夫庙。

祁奚在20岁到40多岁期间,年富力强,理应有

最坦荡的事:推荐自己的儿子做官。

充沛的精力参与国家事务,但这数十年间,却是祁奚政治生涯的空白时期。究其原因,可能是晋公室宗族势力逐渐减弱所致。历史上,晋宗法血缘关系比较松弛,经过多起晋宗族相残事件后,异姓和异支的卿大夫贵族逐渐把持了朝政。晋景公和晋厉公采取的是重用异姓卿族、压制同姓宗族的政策。从此以后,晋公室便一步步衰落下去,同姓大夫开始逐步退出晋国的政治舞台。

虽然祁奚在政治上没有太多施展抱负的机会,但"祁奚荐贤"却成为千古美谈,被人们世代称颂。

成长心语

祁黄羊为国家推举人才的时候,不在乎他是自己的亲人还是仇人,只在乎这个人是不是有能力胜任这个职位。由此可以看出,他永远把国家和人民的利益放在第一位,这也是他受人尊敬的原因。

最自豪的事:因为公正无私,在历史上留下美名。

名人访谈

公仪休先生,听说您非常喜欢吃鱼,是真的吗?

千真万确,鱼是我最爱的食物之一。要是能天天吃鱼,我做梦都能笑醒了。

这就奇怪了。既然您那么喜欢吃鱼,为什么别人给您送鱼的时候,您要拒绝呢?

别人送的鱼,那是礼物。我身为一国宰相,是百官的表率,怎么能私下收别人的礼物呢?

您真是一个清廉的好官。百姓们都很喜欢您吧?

是的。因为我一直依法办事,绝对不做法律不允许的事;而且我关心百姓疾苦,处处为百姓着想。

最自豪的事: 因为才华出众而做了鲁国的宰相。

故事再现

公仪休拒收鱼

——选自《淮南子》

公仪休相鲁①而嗜(shì)②鱼。一国献鱼，公仪子不受。其弟子谏③曰："夫子嗜鱼，弗受何也？"答曰："夫唯嗜鱼，故弗受。夫受鱼而免于相，虽嗜鱼，不能自给鱼；毋④受鱼而不免于相，则能长自给鱼。"

需要知道的意思

① 相鲁：在鲁国为相。② 嗜：非常喜欢，偏好。③ 谏：劝谏。④ 毋：不要。

译文

公仪休在鲁国做宰相，他非常喜欢吃鱼。全国各地的人都送鱼给他，公仪休一律谢绝了。他的弟子劝谏道："老师您喜欢吃鱼，却不接受别人送来的鱼，这是为什么呢？"公仪休回答道："正因为我爱吃鱼，所以才不接受他人的鱼。如果我因为收下别人的鱼而被罢相，虽然我喜欢吃鱼，但从此就不能自己供给自己鱼吃；如果我不接受别人的鱼，就不会有罢相的危险，我也就能长期自己供给自己鱼吃。"

拔葵去织

公仪休因廉政守法很受后人敬重，他一生都按原则行事，品行端正，是一位不可多得的好官。

最让人称赞的事：爱吃鱼，却拒绝收下别人送来的鱼。

公仪休在担任鲁国的相国之后,杜绝肆意妄为的违法行为。他曾颁布一则条文,要求在鲁国做官的人都不得自己经营产业,官员们不能与民争利。所以,在他任职期间,政治清明,统治稳固,所采取的一系列措施深得民心。

公仪休认为,官员已经在大的方面得到了利益,一般民众务农、务工、做生意,得到的都是些小利,因此,"受大者不得取小",也就是说做官的人不能再经营产业。

公仪休身体力行,亲自将自家菜园里种的蔬菜全部拔掉,将妻子织布的织布机也烧掉,他解释道:"如

最让百姓们感动的事:颁布条文,禁止官员经营产业。

果为官之人都经营产业，那么百姓们生产的东西卖给谁呢？"

从这一举措可以看出，公仪休的确是一个关心百姓疾苦的好官，他虽身居高位，却能体察民情，并根据民情制定出惠及民生的可行政策，这在当时的社会是非常难能可贵的。

成长心语

公仪休一生为官清廉，爱护百姓，他以原则为标杆，以法律为准绳，树立起清正廉洁的形象。他是官员们的表率，也是百姓们爱戴的好官。

最可贵之处：以身作则，并且善于教导官员。

魏文侯

开创霸业的一代雄主

身份：魏国开国君主

朝代：战国

生卒年：公元前472—前396年

主要事迹：实行变法，使魏国强大

名人访谈

文侯,您好!听说您有一次冒着大风去打猎了,有这种事吗?

没错,那天的风特别大,根本就打不到猎物,而且很危险。

那您为什么还要去呢?

你有所不知,我之前和管理山泽的官员约好了要在那一天去打猎。所以,不管是否刮风下雨我都得去。

可是,他是您的属下。您是魏国的国君,只需要下令更改日期就行了。

和别人约好的事,一定要做到。这是做人的基本原则,和是不是国君没有关系。

我懂了,谢谢您的教导。

最著名的典故: 皮之不存,毛将焉附。

魏文侯与虞人期猎

——选自《韩非子》

魏文侯与虞人①期猎②。明日,会③天疾风④,左右止⑤文侯,不听,曰:"不可以风疾之故而失信,吾不为也。"遂自驱车往,犯⑥风而罢虞人。

最满意的事:派西门豹治理邺地。

需要知道的意思

① 虞人：管理山泽的官员。② 期猎：约定日期去打猎。③ 会：碰到，遇到。④ 疾风：刮大风。⑤ 止：阻止，劝阻。⑥ 犯：冒犯，这里指顶着大风。

译文

魏文侯与管理山泽的官员约好了日期前去打猎。第二天，正巧碰到了大风天气，身边的官员都劝阻魏文侯不要去猎场，魏文侯不听劝阻，说："我不能因为风太大而失信于人，我不会这样做的。"于是，他亲自驾车前往猎场，顶着大风去告诉管理山泽的官员取消打猎。

礼贤下士

魏文侯最懂得礼贤下士，当时很多人都慕名前去投靠他。

魏国有个叫段干木的人，他品德高尚、学识渊博，

最了不起的事：实施一系列改革措施，使魏国发展壮大，成为中原霸主。

在当时很有贤名。魏文侯想请他做官,他不应诏;魏文侯亲自登门拜访,他翻墙逃走。此后,魏文侯却更加敬重他,每次乘车经过他家门口,总要站起来扶着车前的横木以表敬意。车夫问魏文侯为什么如此敬重段干木,他说:"段干木不趋炎附势,身居穷巷之中而名扬千里之外,我能对他不恭敬吗?他有德,我有势;他多文,我多财。势不如德贵,财不若文高。"

后来,魏文侯终于打动了段干木,两人得以相见。魏文侯听段干木谈治国的大道理,即使站得很久很累,也不敢坐着休息一下。正是因为魏文侯如此尊

最明智的策略:和赵国、韩国提出联合发展的策略,避免了战争。

敬段干木，展现出这种礼贤下士的姿态，他重视人才的名声才越传越远，各地的贤能之士一时间都纷纷来投奔他。一个身份尊贵的人可以放下身段表现得如此谦卑低调，这样的人自然可以赢得民心。

成长心语

魏文侯礼贤下士，为魏国招揽了许多杰出人才；他积极实行变法，使魏国的经济、文化、军事等都得到了极大的发展。魏文侯是天下君主的典范。

最为人称道的事：放下国君的身份，拜有才华的人为师。

名人访谈

商鞅先生,您是怎样想到立木建信的?

如果想让变法取得成功,那么首先要让百姓们相信我是一个讲信用的人。

所以,您后来真的奖励了那个搬木头的人。

当然。通过这件事,百姓们都知道我是一个可以信赖的人。因而,变法才能顺利进行下去。

那这中间遇到过什么困难吗?

这就太多了,没有哪一条变法之路是容易的。比如有一次太子犯了法,我还是果断依据新的法规惩罚了太子的老师。

那您可就得罪太子了。

我得罪了许多人,但为了变法,我只能选择这么做。

> 故事再现

商鞅立木建信

——选自《史记》

令①既具②，未布，恐民之不信己，乃立三丈之木于国都市南门，募③民有能徙置④北门者，予⑤十金。民怪之，莫敢徙。复曰："能徙者予五十金。"有一人徙之，辄⑥予五十金，以⑦明⑧不欺。

著作：《商君书》。

需要知道的意思

① 令：指法令。② 具：准备好，制定好。③ 募：招募。④ 置：放。⑤ 予：给予。⑥ 辄：即，就。⑦ 以：用来。⑧ 明：表明。

译文

（商鞅变法的）法令已准备就绪，还没公布，他担心百姓不相信自己，于是（命人）在都城市场的南门前竖起一根三丈长的木头，招募百姓，能将木头搬到北门的人，就给予十金。百姓看到后对此感到奇怪，没有人敢去搬木头。（商鞅）又说："能搬木头的人赏给他五十金。"有一个人搬了木头，（商鞅）就给了他五十金，以此来表明不会欺骗（百姓）。

三见孝公

商鞅年轻时崇尚法家学说，在魏相公叔痤（cuó）门下任中庶子。公叔痤临终前将其推荐给魏惠王，惠王不用。商鞅听说秦孝公下令求贤，于是离魏去秦。

最了不起的事： 主张变法，并提出了具体的改革措施。

商鞅经宠臣景监引荐终于见到了秦孝公。第一次见面,商鞅还不清楚秦孝公的想法。他试探性地从三皇五帝讲起,对他高谈阔论尧舜的治国之道。这显然不对秦孝公的胃口,毕竟在礼崩乐坏的战国时代,尧舜的治国之道,早已无法使国家强大了。事后,秦孝公怒斥景监,说商鞅满嘴的仁义道德,却无半点治国之能。见到秦孝公如此反应,商鞅反而高兴了:"原来秦公的志向不在帝道。"

第二次见面,他又说了一通大禹、商汤、周文王、周武王的治国之道,秦孝公的兴致比前一次高了些,但还是觉得不着边际。商鞅更高兴了:"秦公志不在王道。"

所谓的"帝道"即尧舜之道,"王道"即汤武之道,显然都不适用于战国时代,在战国时代,管用的是"霸道"。

第三次见面,商鞅直击中心:"当今天下四分五裂,您难道不想开疆拓土,成就霸业吗?"于是,他开始对秦孝公侃侃而谈"霸道"治国。何为"霸道"?即加强君主集权,这点说到了秦孝公的心坎上。

两人的相互试探就此结束,轰轰烈烈的商鞅变法在秦国拉开了序幕。

成长心语

商鞅立木为信,取得人们的信任之后,大刀阔斧地推行改革。他颁布的改革措施,为秦国以后一统天下打下了坚实的基础。他不畏权贵、大胆改革的精神让人敬佩。

韩信
能屈能伸的"兵仙"

籍贯：今江苏省

世称：兵仙、神帅

特长：精通兵法，用兵如神

身份：西汉开国功臣

主要事迹：帮助刘邦打败项羽

名人访谈

韩信先生,您用兵如神,被人们称为"兵仙"。您是从小就研读兵书吗?

小时候啊……我连饭都吃不起,哪有钱买书啊!

那您带兵打仗的本领是跟谁学的呢?

说实话,我没有拜过师,也没有系统地学习过兵法。

那您是自学成才吗?

算是吧!我曾投奔项梁,跟随过项羽。他们都是擅长用兵打仗的人。除他们之外,军队中还有许多将领都很会打仗,我就一边打仗一边跟他们学习,慢慢地就学会用兵了。

三人行,必有我师焉。我们应该像您一样,做生活中的有心人,这样我们才能每天都有进步。

最遗憾之事: 著有兵书,皆已失传。

故事再现

一饭千金

——选自《史记》

信钓于城下,诸母①漂②,有一母见信饥,饭③信,竟漂数十日。信喜,谓漂母曰:"吾必有以重报母。"母怒曰:"大丈夫不能自食,吾哀王孙④而进食,岂望报乎!"……信至国⑤,召所从食漂母,赐⑥千金。

最屈辱的事:从别人的胯下钻过去。

需要知道的意思

① 母：泛指年长女性。② 漂：用水冲洗、荡涤。③ 饭：动词，给……饭吃。④ 王孙：泛指贵族子孙，古时也用来尊称一般青年男子。⑤ 国：指下邳（pī），韩信封为楚王后，定都下邳。此处泛指发达后。⑥ 赐：赏赐，赠送。

译文

韩信在城外钓鱼。一些老妇人都在河边洗衣服，有一个老妇人看韩信饿了，就给他饭吃，一连几十天都是如此，直到漂洗完毕。韩信非常高兴，对这个老妇人说："我一定会重重地回报您。"老妇人听了生气地说："男子汉不能自己谋生，我是可怜公子你，才给你饭吃，难道是希望你报答我吗！"……韩信回到下邳，召见曾经分给他饭食的那位老妇人，给她重赏。

多多益善

秦末，楚国人项梁领导楚军抗秦，韩信加入了项梁的军队，因为不受重视，后来他转投汉高祖刘邦。

最自豪的事：与张良、萧何并称"汉初三杰"。

在萧何的举荐下，刘邦拜韩信为大将军。在韩信的指挥下，汉军明修栈道，暗度陈仓，攻占了关中（今陕西），拥有了稳定的后方。之后的楚汉战争中，韩信发挥了卓越的军事才能，先后平定了魏国、赵国、燕国和齐国，并在潍（wéi）水全歼龙且（jū）率领援助齐国的楚军，因功被封为齐王。后来，韩信与刘邦会师垓（gāi）下，围歼楚军，迫使项羽自杀。

刘邦称帝后，害怕朝中大将争夺自己的皇位，时时提防着。不久，刘邦接到密告，说韩信准备谋反。于是，刘邦设计夺去了他的兵权。后来，刘邦知道韩信并未谋反，就将其释放，贬为淮阴侯。此后，韩信清楚自己功高震主，所以常常称病不去上朝，但时常和刘邦饮酒谈论。

有一次，刘邦和韩信谈论武将的本领。刘邦问道："像我这样的人能带多少兵？"

韩信说："陛下不过能带十万人。"刘邦说："那么

你呢?"韩信回答:"我是多多益善,越多越好。"刘邦听后大笑:"既然你统帅士兵越多越好,那为什么还被我捉住了呢?"韩信镇定自若地解释道:"陛下虽然不善于带兵,但善于统领将领,这就是我被陛下捉住的原因了。而且陛下的能力是天生的,不是人们努力所能达到的。"

后来,人们用成语"多多益善"表示越多越好。

成长心语

韩信年轻的时候非常落魄,但他没有自暴自弃,而是发愤图强,一步步成长为用兵如神的大将军。韩信也是一个知恩图报的人,在他显贵后仍然记得当年给他饭吃的老妇人,并且给予她丰厚的回报。他的经历告诉我们,不管处在什么样的环境中,都不要轻言放弃,并且要始终怀着一颗感恩的心。

最满意的评价:功高无二,略不世出。

张苍
知恩图报的丞相

身份：丞相、历算学家

朝代：西汉

生卒年：约公元前256—公元152年

同学：李斯、韩非

主要事迹：校正《九章算术》

名人访谈

张苍先生,您好!请问您和王陵先生是什么关系?

他是我的救命恩人。

您心里一定很感激他吧?

是!所以我一直像侍奉父亲一样侍奉他。

后来王陵先生去世了,您又当了丞相。按理说您不必再去王陵先生的府上了,可我听说并非如此,这又是怎么一回事呢?

当了丞相以后,我每天忙得团团转。但我一到休息的时候就会先去向王陵的夫人请安,伺候她吃饭,然后才回家。

您真是一个知恩图报的人。

人家救了我的性命,我尽自己的能力报答人家,这是理所应当的。

最大的爱好:研究算学。

> 故事再现

张苍德①王陵

——选自《史记》

张苍有罪,当斩。时②王陵言沛(pèi)公③,赦④勿斩。张苍德王陵,常父事⑤王陵。陵死后,苍为丞相,洗沐⑥,常先朝陵夫人上食,然后敢归家。

最惊心动魄的事:差点儿被斩首。

需要知道的意思

① 德：感激。 ② 时：当时。 ③ 沛公：汉高祖刘邦。沛县（今江苏省沛县）是刘邦的家乡，所以人们尊称他为"沛公"。 ④ 赦：赦免，对罪人免除刑罚。 ⑤ 父事：像伺候父亲般服侍。 ⑥ 洗沐：借指休假。

译文

（秦朝末年）张苍犯罪，（按法律）应当斩首。当时王陵向沛公进言，请求赦免张苍的罪行，不要杀他。张苍感激王陵的恩情，常常像伺候父亲般服侍王陵。王陵死后，张苍被任命为丞相，每次到休息的时候，常常先去向王陵的夫人问安，并伺候她吃饭，然后才敢回家。

王陵母以死明志

王陵和汉高祖刘邦是同乡。当时，王陵是沛县豪族，与刘邦私交很好，刘邦像对待兄长那样侍奉王陵。

公元前209年，刘邦在萧何、曹参等人的支持下扯旗起义，王陵也就地带领几千人响应，占据了南阳。后来，他又继续追随刘邦。

楚汉战争开始后，王陵的母亲被楚霸王项羽抓获，项羽把王陵的母亲作为人质，以此来要挟王陵投降。王陵知道母亲被楚军抓去后，心中十分焦急，也非常气愤，设法营救。

身在楚军的王陵母亲看到项羽的兵力虽然比刘邦强大，但他执行的政策却是错误的。项羽火烧咸阳宫殿，大杀降卒，掳掠秦宫妇女、宝物，并分封六国的后人为王。许多出身贫寒的有功之臣，因分不到封地而愤愤不平。军内矛盾重重，人们互相争斗。王陵的母亲认为，从长远看，项羽注定是要失败的。

有一天,刘邦派使者来到楚国。项羽把王陵的母亲请了出来,让使者带话给王陵,让他快点儿来投降,否则就杀了他的母亲。但是,王陵的母亲在给使者送行的时候,流着泪说:"请使者告诉王陵,汉王宅心仁厚,一定能够夺得天下,不要因为我而生二心。"说完,王陵的母亲就拔出使者的佩剑,自刎而死。

从此,王陵一心辅佐刘邦,跟随刘邦转战南北,东征西讨,立下赫赫战功。汉朝建立后,王陵被封为安国侯。

成长心语

张苍犯罪,按律当斩,最后为王陵所救。张苍感激王陵的恩德,一直像对待父亲一样侍奉王陵。这充分说明张苍知恩图报,用实际行动来报答自己的恩人。

最大的成就:校正《九章算术》,为中国数学的发展作出巨大贡献。

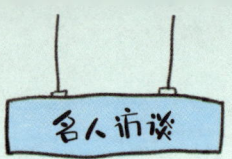

名人访谈

先生您好,别人误会您偷了钱,您一点儿也不生气吗?

生气有什么用呢?这种事只会越描越黑。别人丢了钱,肯定很着急,才怀疑到我头上的。后来事情真相大白,他已经主动向我道歉了。

但他损害了您的名声,您真的不介意吗?

名声这种东西都是虚的。我只用心做事,从不在意这些。

您真是宽宏大量啊!

做人就应该大度一点儿,少一些计较,把时间和精力用在有意义的事情上。读读书,写写字,不是更好吗?

听您一席话,胜读十年书啊!

> 故事再现

长者①不疑

——选自《史记》

塞侯直不疑者,南阳人也。为郎,事文帝。其同舍有告归,误持同舍郎金去,已而金主觉②,妄③意不疑,不疑谢④有之,买金偿。而告归者来而归金⑤,而前郎亡⑥金者大惭,以此称为长者。

最喜欢别人称呼自己:长者

需要知道的意思

① 长者：指性情忠厚、品德高尚之人。② 觉：发觉，觉察。
③ 妄：胡乱，随便。④ 谢：认错，道歉。⑤ 归金：归还金子。
⑥ 亡：丢失。

译文

塞侯直不疑是南阳人。他担任郎官，侍奉汉文帝。他同房的一个郎官请假回家，错拿了另外一个郎官的黄金离开。不久，黄金的主人发现黄金丢了，便胡乱猜疑直不疑偷了金子。直不疑向他道歉，买来了同等的黄金交给了失主。等请假回家的郎官返回来，就把错拿的黄金交还给了失主，丢失黄金的郎官十分惭愧。因此，大家都称赞直不疑是个忠厚的人。

"佛系" 直不疑

直不疑是西汉初期有名的大臣，他为官低调，精通黄老之学，有着很高的声望。当时人们都用官名来

最让人佩服的事：被人误会了也不生气。

称呼官员，但是直不疑为人谦虚，不喜欢别人称呼自己的官名，所以人们叫他"长者"。

他崇尚黄老学说的无为而治，做官的时候一般都沿用那些传下来的办法。他认为能够被流传下来的，就必定有其可取之处，所以他不会随意颁布一些法令，而这样的举措恰好符合了当时西汉推行的"休养生息"政策。因此，他在官场上也取得了不错的政绩。

面对谣言，直不疑一般都是听之任之，让时间来证明自己的清白，但这并不意味着直不疑一点儿都不辩驳。有一次上朝的时候，一个官员诬陷他："虽然

最遗憾的事：孙子犯了错，爵位被废除了。

你长得俊美,但是人品不好,和自己嫂子的关系就不清不楚的。"这一次直不疑义正言辞地反驳道:"我没有哥哥!"谣言从而也就不攻自破,这样轻描淡写地辟谣也让直不疑的名声更加响亮,再加上他为人忠厚宽容,办事能力强,因而受到了很多人的敬重,也深得文帝、景帝的信任,最终被封为塞侯,位在公侯之列。

成长心语

　　直不疑被人误会偷钱,没有急着为自己争辩。遇到别人诽谤自己,他不急不躁,只用轻描淡写的一句话,就粉碎了对方的谣言。他之所以始终能保持淡定从容的姿态,是因为他有一颗宽厚大度的心。

最意外的事:不喜欢树立名声,却美名远扬。

名人访谈

郭伋先生,听说您在外巡视完以后,在野外的亭中住了一个晚上,第二天才进城,这是为什么?

因为我和当地的孩子们约好了,要在那天回来。没想到任务完成得非常顺利,我提前一天就回来了。

那您为什么不直接回去呢?

我和孩子们约好是哪一天,就必须在那天准时回去。早一天或晚一天都不行。

对小孩子,您也这么守信用吗?

当然了。成年人的一言一行都影响着孩子,所以在孩子面前更应该守信用。

最自豪的事: 大名鼎鼎的游侠郭解是自己的高祖父。

故事再现

郭伋守信

——选自《后汉书》

始至行部①,到西河美稷(jì)。有童儿数百,各骑竹马②,道次迎拜。……问:"使君③何日当还?"伋谓别驾从事,计日告之。行部既还,先期一日。伋为违信于诸儿,遂止于野亭,须期乃入。其为人若此。

最让人称赞的事:常常将赏赐分给宗族。

需要知道的意思

① 行部：巡视，出巡。② 竹马：儿童放在胯下当马骑的竹竿。③ 使君：汉朝时尊称州郡长官为使君。

译文

（郭伋）刚担任并州牧，巡视州郡，到了西河郡美稷县。有几百个儿童，各自骑着竹马，在道旁叩拜欢迎他。……（他们）问："使君哪一天回来？"郭伋对部下官吏说，计算了日程后告诉孩子们。巡视回来，比原定日期早一天。郭伋怕失信于孩子们，于是在野外亭中歇宿，等候到约定的日期才进城。他做人就是这样。

游侠郭解

郭伋的高祖父郭解，在汉武帝时期以仗义行侠而闻名。平日里，他行侠仗义，常常施舍别人，而很少去求别人，他拯救了别人的生命，却不自夸功劳。

最威风的事：镇守边境的时候，吓得匈奴不敢来侵犯。

郭解在青年的时候非常残忍，但也非常讲义气。等他年长一些的时候，他性格中的残忍一面才有所收敛。

有一次，郭解的侄子与别人喝酒，他仰仗着郭解的气势，硬要那个人把酒喝完，那人喝不下，他便强行给人灌下。那人一气之下，把郭解侄子杀了，之后就逃走了。郭解的姐姐发怒说："凭着你的名气，我儿子被别人杀了，竟然会抓不到凶手！"说着她便把她儿子的尸体抛在了大街上，也不收葬，想用这个方法来羞辱郭解，惹怒他，让他能为自己的儿子报仇。

郭解派人暗中调查，找到了凶手躲藏的地方，凶手看他追查得那么紧，就直接来到郭解面前自首了，

并把事情的经过原原本本地告诉了郭解，郭解知道后说："这是我自家的孩子不讲道理。"于是他放走了凶手，把罪行归到自己外甥的身上，把姐姐的儿子安葬了。很多人知道这件事后，对他更加敬重，来依附他的人也越来越多了。以至于每次在街道上行走，人们为了表达对他的尊敬，都纷纷给他让开路。

成长心语

郭伋为了遵守和孩子们之间的约定，甘愿在野外风餐露宿度过一个晚上。他诚实守信，答应的事就想办法做到，是我们学习的楷模。

最风光的事： 去世后，光武帝亲自来吊唁。

爆笑小古文
传统美德篇 下

时间岛图书研发中心 编著

图书在版编目（CIP）数据

爆笑小古文：全8册/时间岛图书研发中心编绘. —— 太原：山西人民出版社，2023.5
ISBN 978-7-203-12766-6

Ⅰ.①爆… Ⅱ.①时… Ⅲ.①文言文—小学—教学参考资料 Ⅳ.① G624.203

中国国家版本馆 CIP 数据核字 (2023) 第 069547 号

爆笑小古文：全8册

编　　绘：	时间岛图书研发中心
责任编辑：	刘　远
复　　审：	傅晓红
终　　审：	梁晋华
装帧设计：	冯　光

出 版 者：	山西出版传媒集团·山西人民出版社
地　　址：	太原市建设南路21号
邮　　编：	030012
发行营销：	0351-4922220　4955996　4956039　4922127（传真）
天猫官网：	https://sxrmcbs.tmall.com　电话：0351-4922159
E — mail：	sxskcb@163.com 发行部
	sxskcb@126.com 总编室
网　　址：	www.sxskcb.com

经 销 者：	山西出版传媒集团·山西人民出版社
承 印 厂：	三河市同力彩印有限公司

开　　本：	787mm×1092mm　1/32
印　　张：	16
字　　数：	480千字
版　　次：	2023年5月　第1版
印　　次：	2023年5月　第1次印刷
书　　号：	ISBN 978-7-203-12766-6
定　　价：	158.00元（全8册）

如有印装质量问题请与本社联系调换

目 录

- 01 杨震
- 07 范式
- 13 孔融
- 19 管宁
- 25 陆元方
- 37 顾荣
- 31 寇准
- 43 海瑞
- 49 袁黄
- 55 小知识
- 58 参考答案

一个在时间岛屿，
手握星辰，执笔成书的乌托邦，
立志将历史故事抽丝剥茧，
带你进入时光隧道。

名人访谈

杨震先生,您不畏强权、冒死直谏的精神真让人感动。

过奖,过奖,这是我们臣子的本分。

您劝谏过皇帝几次?

1,2,3……唉,太多了,我自己也记不清了。

皇帝听您的劝告吗?

有时候听,有时候不听。

皇帝不听劝告的时候,您怎么办?

我只能尽自己的力量规劝皇帝,不管他听不听,我都要把心里的话说出来,维护公平和正义。

最气愤的事: 皇帝不听劝告,杀害了敢于批评朝廷得失的人。

杨震暮夜却金

——选自《后汉书》

四迁①荆州刺史、东莱太守。当之郡②,道经昌邑,故所举③荆州茂才王密为昌邑(yì)令,谒(yè)见④,至夜怀金十斤以遗(wèi)⑤震。震曰:"故人知君,君不知故人,何也?"密曰:"暮夜⑥无知者。"震曰:"天知,神知,我知,子知。何谓无知!"密愧而出。

最得意的事:通晓经籍,博览群书。

需要知道的意思

① 迁：升迁，升官。② 当之郡：当他到此郡上任时。之，往、到……去。③ 举：推荐。④ 谒见：拜见。⑤ 遗：给予，赠予。⑥ 暮夜：深夜。

译文

杨震多次升迁，担任过荆州刺史和东莱太守。当他上任路过昌邑时，过去曾受他举荐的荆州秀才王密正担任昌邑的县令。王密去拜见杨震，当晚怀揣十斤金子要送给杨震。杨震说："我了解你，你却不了解我，这是为什么呢？"王密说："深夜时分，没人知道这件事。"杨震说："天知道，神知道，我知道，你知道。怎能说没人知道！"王密听后羞愧地走了。

耿直之士

东汉时期，杨震担任过荆州刺史、东莱太守、司徒等职，性格耿直，敢于犯颜直谏，遇到不公平的事就开口直言，从来不畏权贵、不留情面。

最让人敬佩的事：公正清廉，拒绝为子孙置办产业。

一天，河间男子赵腾上书批评朝廷，安帝为此大为震怒，将赵腾逮捕，送到诏狱审问，以欺骗主上、大逆不道定罪。杨震立刻上书营救赵腾，向皇帝劝谏道："自古以来，帝王都广开言路，多听取外界的批评意见，尧、舜都是如此，如今有人对陛下您直言不讳，这是好事情啊。如果您判赵腾死刑，也有失您的威信，请陛下务必保全他的性命。"可安帝正在气头上，哪里听得进杨震的话，赵腾最终被处死。

大臣樊丰在皇上外出时，大修宅院，大匠令史来询问核查，却得到樊丰等人伪造的诏书。杨震将全部情况写成奏书，准备等安帝回京后呈上，樊丰等人大

为惶恐，便抢先一步上奏诋毁杨震。结果安帝听信谗言，下诏把杨震迁回原籍。杨震对儿子们说："我没能把朝中的奸臣全部揭发出来，死后没有颜面见列祖列宗，请用最差的木头为我打一尊棺材，用布单盖住身子就好，不要埋葬在祖坟，不要有祭祀。"杨震死后，儿子遵守他的约定，下葬的路上，沿途的百姓都为他落泪。

成长心语

劝谏皇帝是一件潜伏着危险的事，一不小心就会掉脑袋。但杨震为了国家的安危和百姓的利益，一次又一次地直言上书。这足以说明，他是一个刚正不阿、维护正义与真理的真君子。

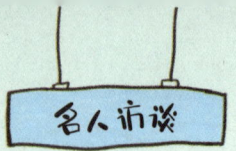

名人访谈

范式先生,您的记性是不是特别好?

也没有特别突出,有些事我也记不住。

那您为什么还能记得两年前和张劭的约定呢?

你说的这件事啊!这和记性好不好没关系,我们是好朋友,既然约好了,不管怎样都要按时赴约。做人就要信守承诺,不能说话不算数。

张劭当时见到你的时候很震惊吗?

一点儿也不。他知道我是一个诚实守信的人,所以早早地就让母亲准备好酒菜招待我。

你们的友情真让人羡慕。

形容友情的成语:鸡黍之交、刎颈之交、莫逆之交。

> 故事再现

言而有信

——选自《后汉书》

（范式）与汝南张劭（shào）为友，劭字元伯。二人并①告归乡里。式谓元伯曰："后二年当还，将过②拜尊亲，见孺子焉。"乃共克③期日。后期方至，元伯具④以白⑤母，请设馔以候之。母曰："二年之别，千里结言，尔何相信之审⑥邪⑦？"对曰："巨卿⑧信士，必不乖⑨违。"母曰："若然⑩，当为尔酝酒。"至其日，巨卿果到，升堂拜饮，尽欢而别。

需要知道的意思

① 并：一并，一起。② 过：访问，探望。③ 克：约定。④ 具：同"俱"，全部。⑤ 白：禀告，陈述。⑥ 审：确定，确实。⑦ 邪：表示疑问的语气词。⑧ 巨卿：范式的字。⑨ 乖：背离，不一致。⑩ 然：这样，那样。

形容守信的成语：言而有信 一诺千金 言出必行

译文

范式与汝南张劭是好友。张劭,字元伯。两人同时离开(太学)返乡。范式对张劭说:"两年后我会回(京城),将到你家拜见你的父母,看看你的孩子。"于是约好日期。后来,约好的日期快到了,张劭把这件事告诉他母亲,请他母亲准备酒菜招待范式。母亲问:"你们分别已经两年了,相隔千里相约,你怎么那么相信他呢?"张劭回答:"范式是一个讲信用的人,他一定不会违约的。"母亲说:"如果真是这样,应该为你们酿酒。"到约好的那日,范式果然来了。大家一起饮酒,尽兴才分别。

一诺千金

秦朝末年,在楚地有一个叫季布的人,非常讲信用,因此在楚地享有盛名。

楚汉相争的时候,季布是项羽的部下,他有勇有谋,曾多次率楚军打败刘邦的军队,使刘邦陷入窘迫的境地。刘邦夺取天下后,每想起败在季布手下的事,就愤恨不已,于是下令通缉季布。

季布曾隐姓埋名到山东一家朱姓的大户人家当佣工,后来身份暴露,朱家知道他是季布后,依旧收留了他。后来,朱家又到洛阳请刘邦的心腹夏侯婴替季布说情。刘邦在夏侯婴的劝说下撤销了对季布的通缉令,还封季布做了郎中。此后,季布又升任河东郡守。

季布有个同乡叫曹邱生,喜爱结交达官贵人,借

后世纪念:今金铺镇金铺村北的鸡泰台常有二贤祠,据说供奉的便是范式和张劭。

以炫耀自己,季布一向瞧不起他。他听说季布做了大官,马上来巴结季布。季布听说曹邱生要来,准备让他下不了台。谁知,无论季布的态度多严苛,曹邱生依旧赔着笑脸,鞠躬作揖,跟他叙家常,并对季布说道:"我听说楚地到处流传这样一句话,'得黄金百斤,不如得季布一诺'。今天能见到您,真是三生有幸。"这一点说到了季布的心坎里,季布高兴起来,把曹邱生当成尊贵的客人招待。

成长心语

你还记得两年前和朋友之间的约定吗?故事中的范式就记得。他不远千里赶到张劭家,只为兑现当初的约定。范式的诚实守信,让人感动;他和张劭之间珍贵的友情,让人羡慕。

范式的其他故事:**纹地送友。**

名人访谈

孔融先生,您为什么要把大个的梨让给自己的哥哥?

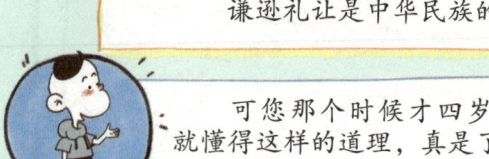
谦逊礼让是中华民族的传统美德。

可您那个时候才四岁啊!这么小就懂得这样的道理,真是了不起!

我作为孔子的后人,更要用君子的品性来严格要求自己。

我们从小就学习《论语》,也应该像您一样努力向孔子看齐。

多读圣贤书,很多道理自然就懂了,好的习惯自然就养成了。从小到大,人们都夸我聪明有才华。事实上,比起天赋,我更是一个后天努力的人。

那我也要向您学习,好好读书。

最自豪的事: 和陈琳、王粲、徐干、阮瑀、应玚、刘桢并称"建安七子"。

> 故事再现

孔融让梨

——选自李贤注《后汉书》

融四岁，与诸兄共^①食梨，融辄^②引^③小者。

大人问其故，答曰："我小儿，法^④当取小者。"

需要知道的意思

①共：一起。②辄：总是。③引：领取，选取。④法：这里指按规矩。

译文

孔融四岁的时候，与其他兄长一起吃梨，孔融总是选取最小的。

大人们问他这是为什么，他回答道："我年龄最小，按规矩应当拿最小的。"

小时了了，大未必佳

孔融从小就很聪明，尤其长于辞令，小小年纪，就已在社会上享有盛名。

十岁时，他跟随父亲来到京城洛阳（今河南省洛阳市）。当时李元礼极负盛名，担任司隶校尉的职务。因此，去他府上的人除了他的亲戚，其余都是当时才

与之有关的著名典故：孔融让梨、小时了了、忘年之交。

智出众、有名望的人。如果不是这些人去拜访,守门的人通常是不给通报的。

年仅十岁的孔融来到李元礼的府门前,对守门人说:"我是李太守的亲戚,麻烦给我通报一下。"守门人通报后,李元礼接见了他,问道:"请问你和我是什么亲戚关系呢?"孔融回答道:"从前我的祖先仲尼(孔子,字仲尼)和你的祖先伯阳(老子,姓李

最机敏的时刻:勇敢地回击嘲讽自己的人。

名耳,字伯阳)是师生关系(孔子曾向老子请教过关于礼节的问题),所以,我和您也算世交啊!"

李元礼和他的宾客都对孔融的这一番话感到很惊奇。太中大夫陈韪(wěi)后来才到,在座的宾客将孔融的话告诉他后,他不假思索地说道:"小的时候很聪明,长大了未必很有才华。"聪明的孔融立即反驳道:"我想陈大夫小时候一定很聪明吧。"陈韪听后感到局促不安,半天说不出话来。

成长心语

怎样和自己的兄弟姐妹和谐相处?孔融用让梨的方式为我们做出了表率。他不争不抢,谦逊礼让,是我们学习的好榜样。

最淡定的时刻:敌人都打到家门口了,仍然能安心读书。

名人访谈

管宁先生,您好!听说许多人请您出来做官,对此您一定感到很高兴吧?

不,我不喜欢做官。

为什么?很多人都喜欢做官呢!

做官不是我的理想。我的理想是成为一个品行高洁的隐士。

面对诱人的高官厚禄,您动过心吗?

没有。人怎么能轻易改变自己的理想呢?理想是指路的明灯,如若轻易改变,人就会迷失方向,会走错路的。

我明白了。谢谢先生的教诲。

最自豪的事: 春秋时期齐国名相管仲的后代。

管宁割席

——选自《世说新语》

管宁、华歆(xīn)共园中锄菜,见地有片金,管挥锄与瓦石不异①,华捉而掷去之。又尝同席读书,有乘轩冕(xuān miǎn)②过门者,宁读如故,歆废书③出看。宁割席分坐,曰:"子非吾友也。"

最大的心愿:做一个受人尊敬的隐世高人。

需要知道的意思

① 与瓦石不异：与（看到）瓦片石头没有什么两样。
② 轩冕：指卿大夫出行时的车子和衣服。轩，是古代卿大夫所乘坐的一种有帷幕的车。冕，指帝王和卿大夫佩戴的冠帽。
③ 废书：放下书。废，停止。

译文

管宁和华歆一起在园中锄菜，发现地上有一片金子，管宁挥着锄头，对金子视而不见，仿佛金子与瓦片石头没什么两样；华歆捡起金子后（看到管宁神色）又扔了它。他们曾经坐在同一张席子上读书，门外大街上有官员盛大的车队经过，管宁依然读着书，华歆（却）扔下书跑出去观看。管宁便割断了席子与华歆分开坐，并说："你不是我的朋友。"

高洁隐士

以管宁之才，如果他愿意的话也可以与华歆一样居高位、做大官，但他反而选择了与好友不同的道

最开心的事：许多人慕名而来，乐于接受自己的教导。

路——归隐。据说管宁是那位辅佐齐桓公实现霸业的名相管仲的后人。管宁少时与华歆、邴原是好友，但管宁的志向并不是封侯拜相，因此当他知道华歆与自己志向不合后，就与华歆断绝了交情。

东汉末年，天下大乱，管宁到辽东（今辽宁省东部和南部、吉林省东南部）避祸，辽东太守公孙度为管宁及其家人安排了住所。管宁拜访公孙度时，只谈儒家经典而不谈论天下大事。当时很多来避祸的人因为仰慕管宁，都来追随他，人们也很乐于接受管宁的教导，并且十分敬重他。

曹操任司空后曾征召管宁，公孙度的儿子辽东太

守公孙康截断诏命,不对管宁宣布。当时公孙康有称王之心,因此他想让管宁辅佐自己完成霸业。魏文帝曹丕也多次征召管宁,但管宁都没有接受,他不想投身于政治的污泥之中。

后来,本想在辽东颐养天年的管宁,看出了新任辽东太守公孙恭的无能,也看穿了公孙康之子公孙渊的狼子野心。管宁担心祸乱将起,于是带着家眷匆匆离开。果不其然,不久,公孙渊背叛曹魏,僭(jiàn)号称王,最终为司马懿(yì)所灭。魏明帝曹叡(ruì)多次征召管宁,就连华歆也愿将太尉一职让与管宁,但管宁始终不为所动,一直没有答应步入仕途。

成长心语

以管宁的才能一定能在朝廷中有很大的作为,但他却坚定地守护着自己想当一名隐士的初心,一次次地拒绝外界的诱惑。他淡泊名利、不改初心的精神让人深感敬佩!

最让人佩服的事:对金子视而不见。

陆元方

唐朝最诚实的宰相

字：希仲

身份：宰相

朝代：唐朝

生卒年：639—701年

主要事迹：两次担任唐朝宰相

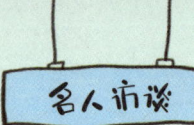

名人访谈

陆元方先生,听说您卖房子的时候,买卖就要谈成了,您却把房子的缺点告诉了买家。您这么做,不担心房子卖不出去吗?

哈哈……我把房子的缺点说出来以后,那个人真的不买了。

那您为什么还这么高兴呢?

因为我遵从自己的内心,做了一个诚实的人。

家人责怪您了吗?

房子没卖出去,家人肯定会不高兴。可是不管怎么说,我也不能欺骗别人啊!那样我的良心会不安的。

是的,我赞同并且支持您的做法!

> 故事再现

陆元方卖宅

——选自《唐语林》

陆少保,字元方,曾①于东都卖一小宅。家人将受直②矣,买者求见,元方因③告其人曰:"此宅子甚④好,但⑤无出水⑥处耳。"买者闻之,遽(jù)⑦辞⑧不置。子侄以为言,元方曰:"不尔⑨,是⑩欺之也。"

最愤愤不平的事:推荐自己的朋友做官,被人弹劾。

需要知道的意思

① 曾：曾经。 ② 直：同"值"，价值，指钱财。这里指卖房子的钱。 ③ 因：就，于是。 ④ 甚：很，非常。 ⑤ 但：只是。 ⑥ 出水：排水。 ⑦ 遽：立即，急忙。 ⑧ 辞：拒绝。 ⑨ 尔：这样。 ⑩ 是：这是。

译文

陆元方曾经在东都洛阳城卖一栋小房子。家人将要接受钱款了，买房子的人要求拜见，陆元方就告诉那人说："这房子非常好，只是没有排水道啊。"买房子的人听了，立即拒绝，不买了。小辈们因此埋怨他多嘴，陆元方说："不能这样，这是骗人啊。"

谨慎无私，广积阴德

陆元方，苏州人，世代为名门大族。曾祖父陆琛，在陈朝曾任给事黄门侍郎。伯父陆柬之，以擅长书法

最自豪的事：推荐的人才，最后都在朝廷中担任重要职位。

闻名,官至太子司议郎。陆元方参加明经科考试中进士,又参加八科考试中进士。后来,他任监察御史。

武则天派陆元方为使者去安抚岭外。他们将要启程时风大浪高,没有人敢去。陆元方说:"我受命无私,神难道会害我吗?"于是,他命令船夫出发,不久果然风平浪静。

陆元方为官清廉谨慎,举贤不避亲,两度担任宰相,为朝廷举荐了大量优秀的人才。武则天也十分信任陆元方,每次有官员调整都会先征询他的意见。而陆元方每次都把自己的意见密封起来上奏,从不显露武则天对他的信任。他有一个常年密封的盒子,家人都不知道装的是什么，等他去世之后，家人打开一看，才发现里面是所有的诏书和皇命。由此可见他一生的谨慎严密。

701年，陆元方去世。临终时，他取出所有上奏的草稿命家人烧掉，并说："我积了很多阴德，子孙后代中当有兴起之人。"他去世后，被追赠为越州都督；731年，又被追赠为扬州大都督。

成长心语

陆元方卖房的时候，主动把房子的缺点告诉买主，这不是愚笨，而是诚实。他连一个普通的老百姓都不愿意欺骗，当然更不会欺骗皇帝。武则天正是看重了他的诚实，才一直信任他、重用他。

最让人羡慕的事：深受武则天的信任和重用。

名人访谈

 寇准先生,您好!据说丁谓经常在朝中排挤您。您和他有仇吗?

 算不上吧。其实一开始我们是朋友,他对我也十分恭敬,后来因为一件小事把他惹恼了。从那以后,他就恨上我了。

 丁谓先生这就显得不够大度了。

 我也没想到他一直对这件事耿耿于怀。当然了,也怪我性子太直,没有注意说话的方式。后来,我还因为性格太耿直,得罪了刘皇后,被赶出了京城。

 那您后悔吗?

 不后悔,如果遇到对国家和人民不利的事,我不会为了保全自己而不指出来。

最自豪的事: 与白居易、张仁愿并称"渭南三贤"。

寇准大度

——选自《宋史》

初,丁谓出准门①至参政②,事准甚谨。尝会食中书,羹污准须,谓起,徐拂之。准笑曰:"参政国之大臣,乃③为官长拂须邪?"谓甚愧之,由是倾构④日深。及准贬未几⑤,谓亦南窜⑥,道⑦雷州,准遣人以一蒸羊逆⑧境上。谓欲见准,准拒绝之。闻家僮⑨谋欲报仇者,乃杜门⑩使纵博,毋⑪得出,伺⑫谓行远,乃罢。

需要知道的意思

① 出准门:指丁谓考取进士,寇准是主考官。 ② 参政:参知政事。③ 乃:竟然。④ 倾构:排斥陷害。⑤ 未几:不久。⑥ 南窜:流放南边。⑦ 道:取道,经过。⑧ 逆:迎接。⑨ 家僮:对私家奴仆的统称。⑩ 杜门:闭门。⑪ 毋:不。⑫ 伺:等待。

最伤心的事:受人排挤被贬。

译文

当初，丁谓从寇准门下考出来做官，一直做到参知政事，他侍奉寇准很是恭敬。他们曾经在中书省一起吃饭，羹汤弄脏了寇准的胡须，丁谓起身，慢慢地为他擦掉汤水。寇准笑着说："参知政事是国家的大臣，竟然替长官擦拭胡须吗？"丁谓听后十分羞愧，从此排挤、陷害寇准，一天比一天厉害。等到寇准被贬不久后，丁谓也被流放到南边，路过雷州时，寇准派人带着一只蒸羊在雷州边境上迎接他。丁谓想见寇准，寇准拒绝见他。寇准听说家仆谋划想要报仇，就闭门让他们尽情赌博,不准他们出门,等丁谓走远了,才放他们出来。

劝农亭

北宋太宗太平兴国年间(976—984年),二十岁的寇准被派往归州担任巴东县令。在这里,满怀抱负的寇准力主改革。他积极采取措施减轻农民徭役,深入体察民情,指导农民因地制宜发展农业,向当地农民传播先进的生产知识。为劝百姓进行农事,寇准还写下《劝农歌》:

苍天在上,后土在下。效我神农,五谷丰登。挽草为业,定居稼穑。乐土归民,传之子孙。

当时这里还是一片蛮荒之地,才华横溢的寇准虽然胸有大志、政绩不凡,但也局限在一些琐碎的政务上,并没有充分发挥出他的

最满意的事:为后世留下了许多诗词文章。

才干。巴东县野三关镇至今还留有人们为纪念寇准而修建的"劝农亭"遗址。

三峡与巴山的壮丽风景孕育了他的创作灵感,这位著名诗人一生写下了许多首诗词,其中在巴东写的就占四分之一,《春日登楼怀归》《秋夕书怀》《巴东寒食》等优美诗篇就是其代表作。

成长心语

寇准在官场上浮浮沉沉,历经坎坷。可是,不管遇到什么样的磨难和困境,始终都磨灭不了他的一颗热爱国家、热爱人民的赤子之心。

最精练的文章:《六悔铭》

顾荣

最无奈的江南望士

字：彦先

称号："洛阳三俊"之一

代表作：《顾荣集》

身份：西晋名士

主要事迹：协助司马睿在江南站稳脚跟

名人访谈

顾荣先生,听说您曾经把自己的烤肉送给上菜的仆人吃。您和那个仆人认识吗?

不认识,我们从来没见过。

那您为什么要把自己的烤肉送给他吃呢?

他把肉给我们端上来的时候,我观察到他那渴求烤肉的神情,所以就把肉给他了。

听说他后来一直帮助您。

是啊!我当时把自己的烤肉给他吃,只是觉得他天天端肉,自己却从来吃不上一口,太可怜了。没想到这么一件小事,他竟然记在了心里,一直暗中帮助我。

滴水之恩,涌泉相报。你们的故事非常让人感动。

最自豪的事: 名门之后,二十岁入仕吴国。

> 故事再现

顾荣施炙

——选自《世说新语》

顾荣在洛阳,尝①应人请。觉行炙人有欲炙②之色③,因辍④己施⑤焉,同坐嗤之。荣曰:"岂有终日执之而不知其味者乎?"后遭乱渡江,每经危急,常有一人左右⑥己,问其所以,乃受炙人也。

需要知道的意思

① 尝：曾经。② 炙：动词，意思是吃烤肉。③ 色：神情。④ 辍：停止，终止。⑤ 施：施舍，给予。⑥ 左右：帮助、辅佐。

译文

顾荣在洛阳的时候，曾有一次应邀赴宴，发现端烤肉的人有想吃烤肉的神情，于是停下不吃，把自己那一份让给了他，同座的人都笑话顾荣。顾荣说："哪有成天端着烤肉而不知肉味这种道理呢？"后来，顾荣遇上战乱，过江避难，每次遇到危难，常常有一个人在身边护卫他。顾荣问他为什么这样做，原来他正是得到烤肉的那个人啊！

诈酒避祸

永宁元年（301年），惠帝任命齐王为大司马，执掌朝政，天子实际上形同虚设。齐王征召顾荣为大司马主簿，顾荣于是成为齐王的重要幕僚。齐王得志

与纪瞻、贺循、闵鸿、薛兼并称"五俊"。

后，骄横暴虐，宠幸奸臣。顾荣劝谏齐王道:"现在殿下举动骄恣，这难道是君子的处世风范吗？凡掌权者，有得势之时，必有失势之日。愿殿下有一颗平常心，妥善处理国家政务。臣既然身为幕僚，就有责任献逆耳的忠言，请殿下三思。"齐王听后大怒，不采纳他的谏言。于是，顾荣终日喝得烂醉，打算诈酒避祸。

顾荣的挚友冯熊听说他整日饮酒，不理政事，于是劝道:"酒这种东西，能给人欢乐，也能丧志，你终日沉湎于酒，这不是贤能之士的所作所为。"顾荣答道:"我自幼就读史书，难道不知道其中的害处吗？但你只知其一，不知其二，现在齐王骄恣擅权，不久必败，我如果继续为他做事情，将来恐怕是要'城门

失火,殃及池鱼'。因此,我这样做是为了消除忧患。"冯熊道:"既然这样,我有办法让你全身而退。"

几日后,冯熊把顾荣好酒贪杯的事告诉了齐王的长史,长史又告诉了齐王,于是齐王改授顾荣为中书侍郎。顾荣担任中书侍郎后,在职廉明,不再饮酒。长史惊异,问顾荣道:"你任中书侍郎后,为什么没见你再醉酒?"顾荣怕诈酒的事情被发觉,又开始饮酒,每日大醉不醒。不久,顾荣借故辞职南归,终得以避祸。

成长心语

顾荣把自己的烤肉送给素不相识的人,结果换来了那人的默默守护。这个故事告诉我们,帮助别人就是帮助自己。你一个善意的眼神,一个关爱的小动作,都会变成涓涓细流,流进别人的心田。

最无奈的事:担心诈酒避祸的事情被揭穿,只能又把自己喝得酩酊大醉。

名人访谈

听说您曾经把总督的儿子抓起来过,是真的吗?

是的,浙江总督胡宗宪的儿子胡作非为,我就把他抓起来了。

当时您是知县。您和浙江总督谁的官更大呀?

当然是浙江总督的官大。

那您责罚他的儿子,不怕他打击报复吗?

我作为一名地方官,为民除害是我的责任。不管他是总督的儿子,还是皇帝的儿子,只要犯了法,做了危害百姓的事,我就要依法查办。

现在我终于明白为什么百姓们都叫您"海青天"了。佩服,佩服!

44　最遗憾的事:两次会试均落榜.

> 故事再现

海瑞遗物

——选自《金陵琐事》

都御史刚峰①海公,卒于官舍②,同乡宦南京者,惟户部苏民怀一人。苏检点其宦囊③,竹笼中俸金八两,葛布一端④,旧衣数件而已。如此都御史,那⑤可多得!王司寇凤洲⑥评之云:"不怕死,不爱钱,不立党⑦。"此九字断尽海公生平,即千万言谀⑧之,能加⑨于此评乎?

> 需要知道的意思

① 刚峰:明朝大臣海瑞,号刚峰。② 官舍:官吏的住宅。③ 宦囊:代指做官的积蓄。④ 葛布一端:葛麻布一块。端,量词,相当于两丈。⑤ 那:同"哪",哪里。⑥ 王司寇凤洲:王世贞,明代文学家,号凤洲。司寇,官名。⑦ 立党:指结党,结成党羽。⑧ 谀:赞扬。⑨ 加:超过。

译文

都御史海瑞死在官衙的宅子里,在南京做官的同乡人,只有户部苏民怀一个人。苏民怀清点海瑞做官的积蓄,竹箱中只有俸禄八两银子,两丈麻布,几件旧衣服罢了。像这样的都御史,哪里还能有啊!司寇王凤洲(王世贞)评价海瑞说:"不怕死,不爱钱,不结党。"这九个字写全了海公的一生,即使用千言万语赞扬他,能超过这个评价吗?

最让人敬佩的事:一视同仁,不管是谁犯了法,都依法处理。

海瑞刚正不阿

海瑞是明朝有名的清官,正直无私,老百姓都叫他"海青天"。海瑞在淳安(今浙江省淳安县)当县令的时候,皇帝下令各地要按照规定接待官员,不能铺张浪费,海瑞严格执行了这条规定。

有一次,浙江总督胡宗宪的儿子路过淳安,嫌驿站招待不周,将驿站管事倒吊起来殴打。海瑞听说后,便带着衙役赶到驿站,将胡公子抓了起来。胡公子大喊大叫:"海瑞,你好大胆!我是总督的儿子,你敢抓我!"海瑞笑着说:"总督大人传达了皇帝的命令,

最自豪的事:被百姓们称为"海青天"。

各地官员迎接长官,不得铺张。你如此猖狂,一定是冒充的,还败坏了总督的名声,必须严办!"

于是,海瑞把胡公子抓了起来,还写了封信给胡宗宪,请他发落。胡宗宪是哑巴吃黄连,有苦说不出,忙命人把儿子带回来,教训了他一顿。

成长心语

海瑞当了一辈子官,死的时候只留下了八两银子、两丈麻布和几件旧衣服。而他当官期间,修水利,治恶霸,帮穷苦的百姓夺回被霸占的土地,为百姓做了许多好事。由此可见,他是一个爱民如子的清官。

最让人感动的事:爱民如子,一心为百姓谋福利。

名人访谈

 袁黄先生,您是在什么样的情况下写下《了凡四训》的?

 我本来是想用自己的亲身经历来教育儿子的,可没想到,这本书的影响会这么大。

 做善事的道理大家都知道,您为什么还要把它郑重其事地写下来呢?

 做善事可没有你想象得那么简单。要不断地修正自己的行为,还要掌握做善事的方法。

 原来还有这么多门道啊!我一定要好好拜读您的《了凡四训》。

 能让更多的人学会做善事,做一个善良的人,就是最幸福的事啊!

 小辈举双手赞同!

最让百姓们称道的事:建议皇帝减少赋役。

> 故事再现

袁黄节俭

——选自《感应篇》

袁黄公力行节俭,与缙绅(jìn shēn)①相约:每会荤②素五品,不许宰牲。然县门左右各有熟食店,具来已久,日杀牲甚众,公亦不能禁也。已而渐少,期年③之后,并无一家卖熟食者。盖向④来买食,皆由讼者邀宴吏胥(xū)⑤。今公随问随结,庭无滞狱⑥,买者鲜少,则卖者折阅⑦,故皆徙业耳。

最自豪的事:一生写下了许多著作.

需要知道的意思

① 缙绅：古代称有官职的或做过官的人。② 荤：指葱姜蒜等有辛辣味的菜，或指肉食。③ 期年：一年。④ 向：先前，过去。⑤ 吏胥：地方官府中掌管簿书案牍的小吏。⑥ 滞狱：指因积压或拖延没有审决的案件。⑦ 折阅：减价销售。

译文

袁黄公努力推行节约俭省的政策，与缙绅相互约定：每次聚会只准备五样菜，不许宰杀家畜。然而县衙旁边都有熟食店，由来已久，每天宰杀很多牲畜，袁黄公也不能禁止。不久，熟食店逐渐减少了，一年之后，再没有一家卖熟食的店铺了。原来先前来买熟食的，都是诉讼的人为宴请县衙小吏的。现在袁黄公对待案件是随审随结，县衙里没有积压的案件，来买熟食的人少了，而卖熟食的店主只能减价销售，因此他们都转行了。

南稻北种

袁黄出生于浙江嘉善，父亲在他很小的时候就病逝了,袁黄一直和母亲相依为命。母亲认为学医能在社会上立足,还能救济别人,而且这也是袁黄父亲的心愿。于是袁黄从医。

据说,袁黄曾在卖草药时,遇到了一位"仙风道骨"的老人,正是在他的指引下,袁黄才步入了仕途。

万历十六年(1588年),袁黄担任宝坻(dǐ)知县。宝坻地域广阔,直通渤海。海水的上溯和浸泡,使这里的土地只生长适应性强的水稗(bài)草和芦苇。但在袁黄看来,这里完全可以改造成生长稻谷的良田。于是,他选定了离城几十里远的葫芦窝村做试验。他教百姓挖沟通河,还制作了各种灌溉和排水的设施。水田开成后,他又教百姓育苗、插秧等。在袁黄和当地百姓的不懈努力下,原来的盐碱荒滩地,竟真的收获了沉甸甸的稻谷。

袁黄看到葫芦窝村试

最幸福的事: 所写的《了凡四训》成了劝人积善改过的经典著作。

验成功后，决定继续扩大种植范围。这一次，他把试验的地点选在县城附近的低洼地，并且带领县府四个衙门的官吏亲自耕作。试验再次成功后，人们便纷纷效仿。一时间，宝坻境内掀起了改种水稻的热潮。

袁黄知道并不是境内所有土地都适宜种植水稻，一定要因地制宜才行。为了让百姓了解相关知识，合理耕种，他决定结合家乡的先进技术和经验，针对宝坻的实际情况，编著一部农书来指导农业生产。于是，《宝坻劝农书》诞生并成为天津地区第一部农业专著。

成长心语

袁黄力倡节俭，还亲自教百姓耕种水稻。他一直都在身体力行地践行着善举。在生活中，我们也应该努力发光发热，多做有益于大家的好事，不铺张浪费，珍惜每一粒粮食和每一滴水。

人生转折点：罢官回家，闭门著书。

一、请补充下列句子中空缺的信息。

1. 东汉末年至三国时期,有一位著名的隐士,他专心求学,不慕名利,因为朋友的一些表现,就割断席子与他绝交,这个人就是_____。

2. 谦让是中华民族的传统美德,_____四岁时就懂得让梨。

3. 杨震多次升迁,担任过荆州刺史和东莱太守。王密乘夜拜见杨震,要送_____给杨震,被杨震谢绝了。

4. 春秋时期,晋平公问祁黄羊南阳官令该任免谁时,祁黄羊举荐了_____;后来,晋平公又询问谁可以担任掌管军事的官职时,祁黄羊推荐了_____。

5. 公仪休在_____做宰相,他非常喜欢吃鱼;可是,他却拒绝了别人送来的鱼。

6. 他是战国时期的政治家,先秦法家的代表人物之一,他曾在秦孝公支持下主持变法改革,他就是_____。

7. 魏武子先是吩咐儿子魏颗将自己的爱妾_____,后来病情加重后又改口,要让爱妾为自己_____。

8. _____是西汉开国功臣,立下赫赫战功,曾受漂母舍饭之恩。

9. 海瑞是明朝时期有名的清官。他正直无私,刚正不阿,王凤洲评价他说:"不怕_____,不爱_____,不立_____"。

10._____ 担任并州牧时，巡视州郡，回来时为了守信，等候到约定的日期才进城。

二、请解释下列句子中加点词的意思。

1. 至夜怀金十斤以遗震。_____

2. 元伯具以白母。_____

3. 我小儿，法当取小者。_____

4. 歆废书出看。_____

5. 家人将受直矣。_____

6. 遽辞不置。_____

7. 及准贬未几。_____

8. 顾荣在洛阳，尝应人请。_____

9. 能加于此评乎？_____

10. 已而渐少，期年之后，并无一家卖熟食尔。_____

三、用现代汉语说一说下列几句古文表达的意思。

1. 宁读如故，歆废书出看。

_____

2. 我小儿，法当取小者。

_____

3. 民怪之，莫敢徙。

_____

4. 南阳无令，其谁可而为之？

_____

5. 不可以风疾之故而失信。

6. 可以出死报食马得酒之恩矣。

7. 吾必有以重报母。

8. 常父事王陵。

9. 买者闻之,遽辞不置。

10. 使君何日当还?

四、读名人小故事,收获成长大道理。

1. 你还能讲一个有关"礼让"的故事吗?

2. 你知道"外举不避仇,内举不避子"说的是怎样的一种人吗?

3. 公仪休拒不收鱼的理由很精辟独到,这对你的生活和学习有着怎样的启发呢?

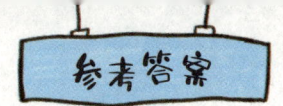

一、请补充下列句子中空缺的信息。

1. 管宁

2. 孔融

3. 十斤金子

4. 解狐　祁午

5. 鲁国

6. 商鞅

7. 嫁人　殉葬

8. 韩信

9. 死　钱　党

10. 郭伋

二、请解释下列句子中加点词的意思。

1. 赠与

2. 同"俱",详细。

3. 这里指按规矩。

4. 放下书。废,停止。

5. 同"值",价值。这里指卖房子的钱。

6. 拒绝

7. 不久

8. 曾经

9. 超过

10. 一年

三、用现代汉语说一说下列几句古文表达的意思。

1. 管宁依然读着书,华歆扔下书跑出去观看。

2. 我年龄最小,按规矩应当拿最小的。

3. 百姓看到后对此感到奇怪,没有人敢去搬木头。

4. 南阳缺个县令,你看谁能担任这个官职?

5.(我)不能因为风太大而失信于人。

6.(我们)可以以死报答秦穆公给我们吃马肉喝好酒的恩德了。

7. 我一定会好好地报答您。

8. 常常像伺候父亲般服侍王陵。

9. 买房子的人听了,立即拒绝不买了。

10. 使君哪一天回来呢?

四、读名人小故事,收获成长大道理。

1. "六尺巷"的故事:清朝康熙年间,有个叫张英的人在京城为官。在他老家,家人与邻居吴姓人家起了争执,原因是邻居想侵占他们院落间的一条公共小巷。于是,两家闹到了官府衙门里。后来,张英的家人就写了封信将这件事告诉了他。张英看完信后,回信写道:"千里来书只为墙,让他三尺又何妨?万里长城今犹在,不见当年秦始皇。"家人见信后,便主动让出了三尺空地。邻居吴姓人家见状也让出了三尺空地。就这样形成了一条六尺宽的巷道。

2."外举不避仇,内举不避子"说的是像祁黄羊一样,秉持公正无私之心,不掺杂个人好恶来做人做事的人。

3.不管面对生活,还是对待学习,我们都要像公仪休一样,坚持自己的原则,严于律己,不受外界诱惑,努力做好自己应该做的事。

爆笑小古文
勤学奋进篇 上

时间岛图书研发中心 编著

图书在版编目（CIP）数据

爆笑小古文：全8册/时间岛图书研发中心编绘. —— 太原：山西人民出版社, 2023.5
ISBN 978-7-203-12766-6

Ⅰ.①爆… Ⅱ.①时… Ⅲ.①文言文－小学－教学参考资料 Ⅳ.① G624.203

中国国家版本馆 CIP 数据核字 (2023) 第 069547 号

爆笑小古文：全8册

编　　绘：时间岛图书研发中心
责任编辑：刘　远
复　　审：傅晓红
终　　审：梁晋华
装帧设计：冯　光

出 版 者：山西出版传媒集团·山西人民出版社
地　　址：太原市建设南路21号
邮　　编：030012
发行营销：0351 - 4922220　4955996　4956039　4922127（传真）
天猫官网：https://sxrmcbs.tmall.com　电话：0351 - 4922159
E — mail：sxskcb@163.com 发行部
　　　　　sxskcb@126.com 总编室
网　　址：www.sxskcb.com

经 销 者：山西出版传媒集团·山西人民出版社
承 印 厂：三河市同力彩印有限公司

开　　本：787mm×1092mm　1/32
印　　张：16
字　　数：480千字
版　　次：2023年5月　第1版
印　　次：2023年5月　第1次印刷
书　　号：ISBN 978-7-203-12766-6
定　　价：158.00元（全8册）

如有印装质量问题请与本社联系调换

目 录

- 01 弈秋 
- 07 师旷 
- 13 苏秦 
- 19 匡衡 
- 25 王充 
- 31 吕蒙 
- 37 车胤 
- 43 葛洪 
- 49 祖逖 
- 55 傅永

一个在时间岛屿，
手握星辰，执笔成书的乌托邦，
立志将历史故事抽丝剥茧，
带你进入时光隧道。

弈秋

围棋高手第一人

名：秋

朝代：春秋

特长：围棋

国家：鲁国

称号：全国最擅长下棋的大师、围棋鼻祖

名人访谈

弈秋先生,今天请您来,是想求教您一下,学围棋难吗?

怎么说呢,也难也不难。如果刻苦钻研,发现围棋的乐趣,学起来就不会觉得困难;要是静不下心来,就会觉得很难。

嗯,有道理啊!那您觉得下围棋的时候最忌讳的是什么呢?

最忌讳分心。不管一个人的技艺多么高超,只要一分心,多半会输。

像您这样的围棋大师也会为其他的事分心吗?

这个嘛……围棋大师也是人啊,哈哈……

最值得炫耀的事: 名字叫秋,因为擅长下围棋,被人们称为"弈秋"。

学 弈①

——选自《孟子》

弈秋,通国②之善弈者也。使弈秋诲(huì)③二人弈,其一人专心致志,惟④弈秋之为听;一人虽听之,一心以为有鸿鹄(hú)⑤将至,思援⑥弓缴(zhuó)⑦而射之。虽与之俱学,弗若⑧之矣。为(wéi)是其智弗若与(yú)?曰:非然也。

需要知道的意思

① 弈：下棋。② 通国：全国。③ 诲：教导。④ 惟：只有。⑤ 鸿鹄：天鹅。⑥ 援：拉，牵引。⑦ 缴：带有丝绳的箭。⑧ 弗若：不如，比不上。

译文

弈秋是全国最善于下棋的人。让弈秋教两个人下棋，其中一个人专心致志，只听弈秋的教诲；另一个人虽然也在听讲，心里却想着有只天鹅将要飞过来，想着拉弓搭箭去射它。（这个人）虽然同前一个人一起学习，（但学习效果）不如他。难道是他的智力不如前者吗？并不是这样。

弈秋其人

弈秋是我国历史上第一个有史料记载的专业围棋手，也是第一个有记载的从事教育的棋手。关于他的姓名，清代学者曾在书中写道：此名弈秋，故知秋为其名，因通国皆谓之善弈，故以弈加名称之。

学棋要专心，下棋也得如此，即使是弈秋这样的大师，偶然分心也不行。有一日，弈秋正在下棋，一位吹笙（shēng）的人从旁边路过。悠悠的笙乐，飘飘忽忽的，如从云中撒下。

弈秋一时走了神，侧着身子倾心聆听。此时，正是棋下到决定胜负的时候，笙突然不响了，吹笙人探

身向弈秋请教围棋之道,弈秋竟不知如何对答。不是弈秋不明围棋奥秘,而是他的注意力此刻不在棋上。

据史料记载,围棋最早出现在我国春秋时期,而弈秋最早出现在《孟子》中,可以推测,弈秋可能与孟子是同时代的人,或更早一点儿。孟子称弈秋为"通国之善弈者",可想而知,弈秋的棋艺在当时也算是国手级别。因而,后世常用"当代弈秋"来称赞某位围棋高手,弈秋也被人们奉为围棋鼻祖。

成长心语

弈秋是当时闻名诸侯列国的国手,棋艺高超,被推崇为围棋鼻祖。他让我们懂得了下棋的秘诀就是专心。其实,无论做什么事,都需要专心,只有专心致志,才能有所成就。

名人访谈

师旷先生,您好!人们都夸赞您听力超群,有很强的辨音能力。您是怎么做到的呢?

大家谬赞了!我只不过是因为眼睛瞎了,耳朵变得比别人灵敏一些罢了。

您的耳朵天生就能辨别不同的声音吗?

那倒不是。我从小对声音感兴趣,于是特别留意身边的各种声音。后来开始学习音乐,我看不见,只能通过耳朵辨别声音。慢慢地,耳朵就被锻炼得很敏感了。

原来您也是通过后天练习的!

没错。如果你坚持用心聆听大自然中的各种声音,也会练就好听力的。

真的吗?那太好了。我现在就去听声音,练耳朵。

最勇敢的事: 用琴砸酒后胡言乱语的晋平公。

> 故事再现

师旷论学

——选自《说苑》

晋平公问于师旷曰:"吾年七十,欲学,恐已暮①矣。"师旷曰:"何不炳(ruò)烛②乎?"平公曰:"安有为人臣而戏③其君乎?"师旷曰:"盲臣安敢戏其君乎!臣闻之,少而好学,如日出之阳;壮而好学,如日中之光;老而好学,如炳烛之明。炳烛之明,孰与昧④行乎?"平公曰:"善哉!"

最让人称颂的事:提出"君必惠民"的主张。

需要知道的意思

① 暮：迟暮，指年迈。② 炳烛：点燃蜡烛。③ 戏：戏弄。
④ 昧：黑暗，不明。

译文

晋平公问师旷说："我今年已经七十岁了，想要学习，恐怕已经晚了吧。"师旷说："既然晚了，为什么不点燃蜡烛呢？"晋平公说："哪有做臣子的戏弄他的国君的？"师旷说："我眼睛都看不见，怎么敢戏弄国君您呢！我听说，少年时期好学，就如同刚刚升起的太阳；壮年时好学，就如正午时分的太阳；老年时好学，就像点燃蜡烛那样明亮。点燃蜡烛和在黑暗中行走，哪一个更可取呢？"晋平公说："说得好啊！"

师旷怒砸晋平公

师旷双目失明，因而自称盲臣。师旷博学多才，

最得意的事：善弹琴，辨音力极强。

精通音律，擅长弹琴，是春秋时期著名的乐师。

师旷不仅在艺术和道学方面有着极高的造诣，还是一个正直敢言、尽职尽责的臣子。

晋平公是晋悼公的儿子，春秋时期晋国的国君。一次，晋平公与群臣饮酒，喝到高兴时，竟然得意地说："做国君真好啊，说出的话没有人敢违背。"当

最让人敬佩之处：在音乐、治国理政、占卜方面都有很高的造诣。

时,坐在他身边的师旷听到后,拿起琴就砸了过去,由于他双目失明,并没有砸中。

晋平公问他原因,师旷回答:"我刚才听见有一个小人在旁边胡言乱语,就想用琴砸他。"晋平公说:"那不是什么小人,正是我啊。"师旷故作惊讶地说道:"不会吧,那样的话不应该出自国君之口啊!"众臣要求以不敬之罪处置师旷,晋平公却说:"这不是他的罪过,而确实是我的过失啊!"

成长心语

师旷是一个盲人,但他没有自暴自弃,而是努力练习琴艺,最终成为音乐大师。他劝谏晋平公,学习不分早晚。这些都告诉我们,不要被自身的条件限制住,努力学习知识和本领,成功的花朵终有一天会绽放。

最神奇的传说: 传说师旷弹琴时,能招来凤凰。

苏秦

战国第一名嘴

字：季子

老师：鬼谷子

朝代：战国

籍贯：今河南省

职业：纵横家

名号：与苏代、苏厉并称为"战国三苏"

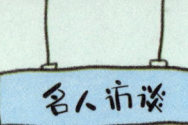

有些同学一读书学习就犯困,苏秦先生,您有这样的困扰吗?

当然有,但我有对付犯困的独家秘籍。

太好了,那请您跟大家分享一下吧。

嘿嘿,方法很简单,每次犯困的时候,我用锥子在大腿上扎一下,立马就精神了。

啊!这个方法有点儿自虐吧。

唉,我那时候也是没有别的办法了。我建议大家千万不要轻易尝试,用锥子扎大腿,真的好疼啊!

对,大家学习苏秦刻苦读书的精神就可以了,可别伤害自己哦!

最得意的事:成为六个国家的宰相,身上带着六国的相印。

故事再现

苏秦刺股

——据《战国策》改写

苏秦乃①洛阳人,学纵横之术②,游说③秦王,书十上而不为用,资用匮乏,潦倒而归。至家,妻不下纴(rèn)④,嫂不为炊,父母不以为子。苏秦乃叹曰:"此皆秦之罪也!"乃发愤读书,曰:"安有说人主而不得⑤者乎?"读书欲睡,引锥自刺其股⑥,血流至足。

最喜欢的书:《太公阴符》。

需要知道的意思

① 乃:是。 ② 纵横之术:战国时外交所使用的谋术。
③ 游说:劝说君王采纳自己的主张。 ④ 纴:织布机。 ⑤ 得:得到,此指成功。 ⑥ 股:大腿。

译文

苏秦是洛阳人,学习外交谋略,去劝说秦王(采纳他的意见),多次呈上劝说秦王的奏折,但仍未被采用。(最后他因)钱财缺乏,穷困潦倒返回家乡。回到家里,妻子不织布,嫂子不去做饭,父母不把他当作自己的儿子。苏秦长叹道:"这都是我的过错啊!"于是,他发奋读书,说:"哪有去游说国君却不能成功的人呢?"读书读到昏昏欲睡时,他就拿锥子刺自己的大腿,鲜血一直流到脚跟。

苏秦相六国

苏秦曾拜鬼谷子为师,专攻纵横捭阖(bǎi hé)的谋划术。他先是朝见周显王,愿帮显王振兴周王室,

最伤心的事:穷困潦倒地回家后被家人嘲笑讥讽。

但周显王身边的大臣们,都目光短浅,劝谏显王不要听信苏秦的话。苏秦来到秦国后,劝说秦惠文王使用连横计策,逐一攻灭六国,进而统一天下。此时,秦惠文王刚杀掉主张变法改革的商鞅(yāng),对辩士说客很排斥,因此并没有采用苏秦的意见。

苏秦连连碰壁后,决定改变策略,用合纵抗秦的政策去游说其他六国。苏秦最先打动的是到处招贤纳士的燕昭王,他资助苏秦到各国进行合纵抗秦的游说活动。苏秦到了魏国,用激将法使魏昭王接受了合纵抗秦的主张。然后他又到了赵国,用唇齿相依的道理,说服了赵惠文王。赵王送给苏秦车子百辆,黄金千镒(yì,古代重量单位),白璧百双,锦缎千匹,请他

最气愤的事:被人诽谤出卖国家。

继续去联络其他各国共同抗秦。之后，苏秦又连续说服了韩国、齐国、楚国，经历了许多曲折，终于形成了燕、赵、韩、魏、齐、楚等六国联合抗秦的局面，苏秦被公推为"纵约长"，六国联军驻扎在荥（xíng）阳，声势浩大。苏秦派人把合纵盟约送到秦国，使秦军十五年不敢出函谷关。秦国还把蚕食魏国、赵国的一些土地和城池，还给了这两个国家，使东方各国获得了一段时间的安宁。

苏秦在合纵大计中劳苦功高，各国都封他为相国，他身佩六国相印，赵惠文王还封他为武安君。

成长心语

苏秦成功说服了六国采纳自己的意见，但他的成功是用一次次失败换来的。这个典故告诉我们，失败并不可怕，从失败中总结经验教训继续前进，终能迎来成功。

名人访谈

匡衡先生,听说您小时候度过了一段艰苦的岁月,是这样吗?

唉,那真是一段苦不堪言的日子啊!我们家穷得连一盏灯都点不起,我只能把墙壁凿穿,靠从邻居家透过来的微光读书。

啊?那可真是太难了!您不担心眼睛出问题吗?

我当时根本没想那么多,就想着多读些书了。

您为什么这么喜欢读书呢?

因为读书能让我学到很多知识,能带给我快乐。

没有条件读书,就创造条件读书。您是我的偶像!

最擅长的事:解说《诗经》。

匡衡勤学

——选自《西京杂记》

匡衡,字稚圭(guī),勤学而无烛,邻居有烛而不逮①,衡乃穿②壁引其光,以书映光而读之。邑人③大姓,文不识,家富多书,衡乃与其佣作④而不求偿⑤。主人怪⑥,问衡,衡曰:"愿⑦得主人书遍读之。"主人感叹,资⑧给以书,遂成大学⑨。

最值得炫耀的事:当上了汉朝的丞相。

需要知道的意思

① 逮：达到，这里指照到。② 穿：凿穿。③ 邑人：同乡人。④ 佣作：受雇为人劳作。⑤ 偿：报酬。⑥ 怪：感到奇怪。⑦ 愿：希望。⑧ 资：资助。⑨ 大学：大学问家。

译文

匡衡字稚圭，勤奋好学，但家中没有灯烛照明。邻家有灯烛，但烛光照不到他家，匡衡就把墙壁凿穿让邻家的烛光照过来，映着光读书。同乡有个大户人家，生平不详，有钱，家中有很多书。匡衡就到他家去做雇工，却不要报酬。主人感到很奇怪，问他为什么这样。他说："我希望能得到你家的书，通读一遍。"主人听了，深为感叹，就把书借给他读。匡衡最终成了大学问家。

匡衡与《诗经》

匡衡对《诗经》有着深刻而独到的见解，能让听的人茅塞顿开、心情愉悦。时间一长，人们便争相传

最让人敬佩的事：弹劾中书令石显。

诵，匡衡的名声越来越响，在当时曾流传着这样的话："无说《诗》，匡鼎来。匡说《诗》，解人颐。"

《诗经》学得好的匡衡，却不擅长应试。他九次参加科举考试，次次成绩都不怎么好。幸运的是，崇尚儒学治国的汉元帝十分看中精通经学的匡衡，破例迁任他为博士。

某年，京都长安发生日食、地震等灾变，匡衡乘机上书，引用《诗经》中的句子，表明上行而下效的道理，劝元帝宫室用度要节俭，不能再奢华粉饰，可借此机会大力推行礼让仁和的道德风尚，重用德才兼

备的贤良，辞退尖酸刻薄的官吏。

匡衡的奏书得到元帝的赞赏，匡衡也因此升迁为光禄大夫，兼任太子太傅，也就是给太子当老师。

汉元帝曾多次听匡衡讲《诗经》，对匡衡的才学十分赞赏，任命匡衡为御史大夫。后来匡衡又代为丞相，封乐安侯，辅佐皇帝，总理全国政务。因他见解独到，总能以《诗经》上所讲的道理为依据，提出自己的真知灼见，从此便平步青云。

成长心语

生活在当今美好幸福的时代，有些同学仍不能专心学习。可是和匡衡一比，我们的条件要好上几百几千倍。匡衡在那么艰苦的条件下都能刻苦读书，我们还有什么理由偷懒呢？

最了不起的地方：靠刻苦读书改变自己的命运。

名人访谈

王充先生,您好!听说您喜欢和别人辩论。这是真的吗?

千真万确。发现别人的观点是错误的,我就会指出来;别人的观点和我的不一样,我就要和他辩一辩。

那您敢跟您的老师和上级争论吗?

这有什么不敢的!老师和上级也是人,他们有说得不对的地方,我当然要指出来了。

那您的老师或上级不会生气吗?

那还用说吗?不过,就算他们会生气,我还是会提出我的观点的,别忘了,我可是东汉第一辩手,哈哈……

最钦佩的人: 东汉哲学家、天文学家桓谭。

|故事再现|

市肆博览

——选自《后汉书》

充少（shào）孤①……好（hào）②博览而不守③章句④。家贫无书,常游洛阳市肆⑤,阅所卖书,一见辄能诵忆,遂博通众流百家之言。

最让人羡慕的事:读书看过一遍就能背诵.

需要知道的意思

① 少孤：少时失去父亲。② 好：喜爱。③ 守：守候，此处指拘泥。④ 章句：逐章逐句地疏通理解。⑤ 市肆：市场，店铺。

译文

王充小时候就失去了父亲……喜欢广泛地阅读书籍却不拘泥于章节和句子。由于家里穷，没有书可读，他经常去逛洛阳街市，看人家卖的书，看过一次后就能记住并背诵，就渐渐通晓了诸子百家的思想言论。

走在"时代前沿"的王充

王充是东汉思想家，曾任会稽（kuài jī）功曹，后来担任的都是一些低级官职，直到年近古稀时才被朝廷重视，汉章帝派人来接他去宫中，但他已年老体衰，无法应聘，不久在家乡病逝。

最让人敬佩的品格：敢说真话。

王充所处的时代盛行的是"图谶(chèn)之说",图谶又被称为"图篆(zhuàn)",人们可以用它来预卜将来生活中的吉凶祸福。因汉光武帝刘秀对此深信不疑,于是,此学说便大行其道。

在那个科学还不发达的年代,这种神学思想很容易流行。"图谶之说"起源于董仲舒的"天人感应",也就是说自然灾祸的发生是上天给人的谴(qiǎn)责和警告。

在这样的环境下,思想超前的王充却强调世界的物质性,反对汉代流行的神学目的论。那时的他已经

最令人敬佩的读书方法:多读书,不拘泥于他人的观点,而是加入自己的思考。

具备了朴素的唯物主义思想，他是那个时代的无神论者。

他的哲学思想集中体现在他的著作《论衡》一书中，这本书可以说是古代的一部百科全书，王充将观察到的很多自然现象都写入了书中，许多观点鞭辟入里。《论衡》纠正了当时人们许多理解错误的地方，是中国历史上一部重要的思想著作，在当时被认为是奇书。

成长心语

当上到皇帝，下到黎民百姓都信奉神学的时候，王充却敢于提出自己的质疑，表达不一样的观点，这一点非常了不起。他敢于挑战权威，挑战传统，是一位真正的勇士。

最擅长的事：辩论，阐说自己的道理。

吕蒙先生,大家都夸您是智勇双全的大将军。您能有今天的成就,和平时多读书有关系吗?

当然有很大的关系。不过……说起来真是惭愧呀,我小时候家里穷,没读过什么书。

那您后来是怎样想到要发奋读书的呢?

呵呵……这要感谢我的主公吴大帝了,也就是孙权,是他劝我要好好读书的。

他当时劝您的时候,您没有生气吗?

怎么会生气呢?我感激他还来不及呢!要没有他当初那一番话,就不会有今日让人刮目相看的吕蒙了。

看来多听听别人的劝告,也很有好处啊!

最伤心的事: 曾经因为读书少,被人看不起。

故事再现

孙权劝学

——选自《资治通鉴》

初,权谓吕蒙曰:"卿①今当涂②掌事,不可不学!"蒙辞以军中多务。权曰:"孤③岂④欲卿治经⑤为博士⑥邪!但⑦当涉猎⑧,见往事⑨耳。卿言多务,孰若孤?孤常读书,自以为大有所益。"蒙乃始就学。及⑩鲁肃过寻阳⑪,与蒙论议,大惊曰:"卿今者⑫才略,非复⑬吴下阿蒙!"蒙曰:"士别三日,即更⑭刮目相待,大兄何见事⑮之晚乎!"肃遂拜蒙母,结友而别。

最值得炫耀的事: 从吴下阿蒙变得学识渊博,也赢得了别人的尊重。

需要知道的意思

① 卿：古代君对臣或朋友之间的爱称。② 当涂：当道，当权。③ 孤：古代王侯的自称。④ 岂：难道。⑤ 治经：研究儒家经典。⑥ 博士：当时专掌经学传授的学官。⑦ 但：只，只是。⑧ 涉猎：粗略地阅读。⑨ 见往事：了解历史。⑩ 及：等到。⑪ 寻阳：古县名，治所在今湖北黄梅西南。⑫ 今者：如今的你。⑬ 非复：不再是。⑭ 更：重新。⑮ 见事：知晓事情。

译文

当初，孙权对吕蒙说："你现在当权管事，不可以不读书学习！"吕蒙用军中事务繁多来推托。孙权说："我难道想要你研究儒家经典，成为专掌经学传授的学官吗？我只是让你粗略地阅读，了解历史罢了。你说军务繁多，谁比我的事务多呢？我经常读书，自认为很有收获。"吕蒙于是开始学习。等到鲁肃经过寻阳时，和吕蒙谈论商议事情，十分吃惊地说："你现在的才能和谋略，不再是吴下时那个阿蒙了！"吕蒙说："与人分别几天，就应当用新的眼光看待，长

最得意的事：打败了关羽。

兄你领悟这个道理怎么这么晚呢？"鲁肃于是拜见吕蒙的母亲，和吕蒙结为好友后分别了。

白衣渡江

白衣渡江，即江陵之战，是《三国演义》中经典的奇袭战之一。这场战役由吕蒙和孙权策划。

建安二十四年（219年）七月，关羽北上攻打襄阳、樊（fán）城，同时在公安、江陵留有重兵防守。吕蒙便向孙权上疏道："关羽北伐却在后方留有重兵，必定是担心我偷袭。此时，我称病回建业。关羽听说我走了，必定撤走守军以加强襄阳前线。到时我军可以从长江长驱直入，趁其守备空虚一举拿下南郡，还能擒获关羽。"

于是，孙权公开宣布吕蒙因身体方面不能胜任职务，将其召回建业。关羽果然相信了，也放松了警惕，将南郡守军调往前线。

吕蒙见到孙权后，便向他推荐了陆逊，认为陆逊深谋远虑，可堪大任；而且陆逊现在名声不显，正好不会被关羽顾忌，没有比他更合适的人选了。

吕蒙先以大军包围公安，守将士仁被虞（yú）翻劝说投降；然后又包围江陵，南郡太守糜（mí）芳也很快投降。就这样，吕蒙率领吴军长驱直入，白衣渡江，兵不血刃，夺取了荆州。

成长心语

吕蒙听从孙权的劝告努力读书，最终从一个学识不高的将领，成长为受人景仰的大都督。从一开始只凭勇气作战，发展到用谋略打败敌人。他的成长经历告诉我们，好的人生建议应该多听一听。

成语典故：士别三日，当刮目相待。

车胤 (yìn)
才貌双全的古代男神

朝代：东晋

字：武子

身份：东晋名臣

生卒年：约333—约401年

籍贯：今湖北省

名人访谈

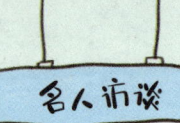

想必大家都很熟悉"囊萤照读"的故事。那么有请主人公——车胤先生。

大家好,我是来自东晋的车胤。

车胤先生,您好!今天请您来,是想向您学习一下为学之道。

其实哪有什么为学之道,我只不过把别人用来玩耍的时间放在读书上罢了。

您能给我们讲讲,您的"囊萤照读"是怎么回事吗?

那时候,我家里条件艰苦,晚上看书的时候没有油灯照明。夏天的时候,我便捉来一些萤火虫,放进白绢做的袋子里,借着萤火虫的光读书。

艰苦的环境并没有阻挡您学习的脚步,您这种刻苦读书的精神值得我们所有人学习。与您相比,我真是有些惭愧。

你们现在的条件好多了,只要肯下功夫,将来一定会学业有成!

最得意的事: 不但学识渊博,长得还特别帅。

> 故事再现

囊（náng）萤映雪

——选自《晋书》《孙氏世录》

车胤恭勤①不倦，博学多通，家贫不常得油，夏月则练囊②盛数十萤火以照书，以夜继日焉。

> 需要知道的意思

① 恭勤：肃敬勤勉。② 练囊：用白绢做的口袋。

最令人钦佩的品格：刚正不阿，不畏权贵。

译文

晋朝的车胤为人肃敬勤勉,(学习)不知疲倦,学识广博而精通学问,但是由于家庭贫困,看书用的灯油经常短缺。夏天的时候,车胤就用白绢做的口袋装着捉来的几十只萤火虫以照亮书,夜以继日地学习。

悬梁苦读

古人勤学苦读的故事很多,比如匡衡凿壁偷光,车胤囊萤,孙康映雪,苏秦刺股……汉朝著名的政治家孙敬曾悬梁苦读,他的这种精神也激励了一代又一代的人。

孙敬少年时就勤奋好学,把读书这件事看得和自己的生命一样重要。他常常通宵达旦地学习,很少出门。因此,左邻右舍都称他为"闭户先生"。

孙敬读书时有个良好习惯,就是勤做笔记,可是时间一长,有时就不免打起瞌睡来。等到自己一觉醒来后,就懊悔不已。

一天,他正抬头冥思的时候,盯着房梁看了好一会儿,突然眼睛一亮,有了主意。随即,他找来一根绳子,将绳子的一头拴在房梁上,另一头拴在自己的头发上。每当他疲劳想打瞌睡时,只要稍稍一低头,绳子就会猛地拽一下他的头发,这样他就能因疼痛而驱散睡意。从此以后,他每天晚上都用这种办法来惜时苦读。

最令人悲痛的事:不满司马元显擅权,招致殒命。

孙敬就这样年复一年地刻苦学习。他饱读诗书，博闻强识，终成为一名通晓古今的大学问家，在当时江淮以北颇有名气，常有学子背着书箱不远千里地向他请教问题，与他探讨学问。

成长心语

对于像车胤这样的古代读书人来说，学习条件十分艰苦，可为了学习他们想出了各种各样的办法。他们努力求学、不畏艰辛的精神会永远激励着我们。

名人访谈

葛洪先生,您好!听说您要把一张纸反反复复用上好几次。这是怎么回事啊?

家里很穷,买纸用的钱,都是我辛辛苦苦砍柴卖柴得来的。所以,使用的时候会格外珍惜。

那您在一张纸上写那么多字,能看得清楚吗?

别人看肯定有些困难,但这是我自己写的,早就记在脑子里了。

勤俭苦学,您真是我们学习的好榜样!

过奖了!真羡慕你们现在有用不完的纸和笔呀。

最系统的炼丹著作:《抱朴子内篇》,记载了大量古代的丹经和丹法。

> 故事再现

葛洪苦学

——选自《初潭集》

葛洪，丹阳人，贫无童仆，篱落不修，常披榛①出门，排草入室。屡②遭火，典籍尽③。乃负④笈（jí）⑤徒步，不远千里，借书抄写。卖薪⑥买纸，然⑦火披览。所写皆反覆，人少能读之。

最应急的实用书籍：《时后备急方》，收集了很多救急用的药方。

需要知道的意思

① 榛：指灌木。② 屡：屡次，多次。③ 尽：完全，全部。④ 负：背。⑤ 笈：书箱。⑥ 薪：柴火。⑦ 然：同"燃"，燃烧。

译文

葛洪是丹阳人，家中贫穷请不起仆人，篱笆坏得不像样了也不修。他常常分开灌木（才能）出门，推开杂草（才能）回家。家中数次失火，收藏的典籍都被焚毁了。他就背起书箱步行，去千里外，到别人家借书、抄书。他卖柴火买纸抄书，点燃柴草读书。一张纸他要使用多次，很少有人能阅读它。

葛根的民间传说

相传东晋年间，葛洪携弟子选取山灵水秀之地，铸炉炼丹，修炼道行。

最让人敬佩的事：为了潜心炼丹制药，著书立说，拒绝当官。

在炼丹过程中，有弟子不慎感染丹毒，出现毒火攻心、躯体生红疹等症状。

葛洪试用多种草药均不见效，感到十分痛苦。

一天夜里，葛洪梦见三清教祖为他指点迷津："此山深处长有一青藤，根如白茹，渣似丝麻，榨出的白汁略带甘甜，可解丹毒。"

次日，葛洪独自前往大山深处寻找青藤，在费尽一番周折后，终于找到一大片青藤，选取其中一株钵盘粗的大藤根掏了出来。

他回家后用锤敲碎，挤出白浆，煮熟了让弟子服下，不几日弟子的病就痊愈了。

从此以后，青藤汁能解毒治病的消息被传播开来。

人们按照葛洪的指点，纷纷上山采挖青藤，用来降

火、解毒、充饥、织布,并大量采种繁殖。一时间青藤名声大噪,传遍大江南北。

此时,大家还不知道这种青藤叫什么名字,只知是葛洪发现了它,于是将这青藤取名为"葛"。

至此,这个原本没有名字的植物有了一个名字"葛",而葛的根部则被称为"葛根"。

成长心语

无论做什么事,葛洪都是那样专心和尽心。葛洪执着而热情,有行动力,不仅对炼丹术的发展产生了重大影响,也对医学发展起到了积极的促进作用,造福了百姓。

名人访谈

祖逖先生,您好!您半夜听到鸡叫,就起来练剑。您真的一点儿也不困吗?

怎么能不困呢?那是人睡得正香的时候,我也不想起来啊。

那您为什么不踏踏实实睡一觉?天亮了再起床练剑也不晚啊!

国家处在危难之中,我作为国家的子民,怎么能安心睡觉呢?

听了您这些话,我觉得好惭愧呀。

你们生活在这样一个幸福的时代,与我们当时的处境很不一样。作为学生,好好读书,努力学习,就是为国家出力了。

嗯嗯。谢谢您的教诲,我会牢记在心的。

最好的朋友:刘琨.

> 故事再现

闻鸡起舞

——选自《晋书》

祖逖与刘琨（kūn）俱为司州主簿①，情好绸缪（chóu móu）②，共被同寝。中夜闻荒鸡鸣，蹴（cù）③琨觉，曰："此非恶声④也！"因起舞。

最遗憾的事：没有完成北伐大业，忧愤而死。

需要知道的意思

① 主簿：州、府长官的佐僚，主管文书的官员。② 绸缪：交情深切。③ 蹴：用脚踢。④ 恶声：古人认为半夜鸡鸣是不祥之兆。

译文

祖逖和刘琨一起担任司州的主簿，两人交情很好，盖同一床被子一起睡觉。（祖逖）夜半时分听到鸡鸣，踢醒刘琨，说："这不是不祥的声音呀。"于是起床练剑。

热血青年祖逖

祖逖少年时代被古代活动于燕、赵一带的慷慨悲歌之士吸引，深深钦佩于他们浑厚、粗犷（guǎng）的秉性。他为人豪爽豁达，喜欢结交朋友。长到十四岁时，他还对读书作文不感兴趣。兄长们为他的前途担心忧虑，他自己却超然洒脱，一身侠气。他还常常

最了不起的事：中流击楫.

以兄长的名义，拿出家中积存的布帛（bó）和粮食，接济那些穷苦的乡邻。因此，他受到乡亲们的称赞和敬重。

祖逖所生活的时代动乱不安，作为一个具有强烈爱国豪情的热血男儿，他为日益深重的社会危机感到忧虑。目睹时局艰危、百姓困苦，他萌生了救国救民的志向。他不再像过去那样任侠不羁（jī），开始读书，从史籍中探求定国安邦的出路。他还经常去京师洛阳，实地考察社会现实，从历史和现实中汲取有益的经验和知识，开阔了视野。

最让人津津乐道的事：把自己的车子、粮食、衣物分给百姓。

祖逖二十四岁时搬到阳平定居，被当地举荐担任孝廉。不久，他又再次被举荐为秀才。祖逖被举荐后不久，和一个叫刘琨的好朋友一起在司州做主簿，成为主管文书簿籍的官吏。

祖逖和刘琨朝夕相处，两人都满怀济世报国的志向，结成莫逆之交。他们经常互相鼓励，每天闻鸡起舞，立志好好干一番事业。后来，他们分别用实际行动，实践了自己当年的诺言。

成长心语

祖逖生活在一个动荡不安的年代，他从小就立下了救国救民的远大理想。长大后，他苦练本领，把自己的一生都奉献给了祖国，是一位了不起的英雄！

最大的心愿：收复被敌国夺去的大片土地。

名人访谈

傅永先生，您好！书上说您是从二十多岁才开始读书的。真的是这样吗？

是啊！我的确比别人起步要晚一些，但这又有什么关系呢。你看，我不但能带兵打仗，还写得一手好文章，连皇上都经常夸赞我呢！

您说得一点儿也不错。读书不怕晚，只要刻苦攻读，就能有所收获。

嗯……我不光是读书晚，做官也晚。

那您是什么时候开始做官的呢？

哎呀，记不太清了，好像是三四十岁吧。我在家侍奉了父母十多年，才出来做官的。

当您在家奉养父母的时候，您的同龄人可能已经在外当官了。您心里会有遗憾或不满吗？

怎么会有这样的想法呢？父母生我养我吃了很多苦，他们年龄大了，照顾他们是应该的。

最尴尬的事：因为不会写字，不能给朋友回信，还被人责备。

> 故事再现

发愤读书

——选自《北史》

傅永字修期，清河人也。幼随叔父洪仲与张幸自青州入魏，寻①复南奔。有气干，拳勇过人，能手执鞍桥，倒立驰骋（chěng）。年二十余，有友人与之书而不能答，请洪仲，洪仲深让②之而不为报。永乃发愤读书，涉猎经史，兼有才干。

最得意的事： 能手握马鞍，倒立在马背上奔驰。

需要知道的意思

① 寻：不久。② 让：责备。

译文

傅永字修期，是清河人。他幼时跟随叔父从青州到北魏，不久又向南方奔去。他有气魄和才干，勇武过人，能够手握马鞍，倒立着骑马奔驰。他二十多岁的时候，有个朋友给他写信，但是他不会回信，于是请教叔父，叔父严厉地责备他，不帮他回信。傅永于是发愤读书，广泛地阅读经书和史书，（这才）有了才能和谋略。

智破齐军

南北朝时，南齐皇帝派遣大将鲁康祚（zuò）、赵公政率领一万大军侵犯北魏豫州的太仓口。豫州刺史命令傅永带领三千人马前去迎击齐军。

读书心得：读书没有早晚之分，只有努力与不努力的区别。

面对敌强我弱的形势，傅永对战事做了周密的分析。他根据吴楚将领惯于偷营劫寨的作战特点，采取了相应对策。一切布置妥善之后，他又找来了十几名精壮士兵，对他们说："敌人如果夜里来偷袭我们，一定会在河水较浅的地方渡河，并且事先在南岸备有火把，以便他们返回时点燃，作为渡河的标记。你们几个人趁黑偷渡到河南岸，隐藏在河水最深的岸边。如果今夜敌人渡河来北岸，你们暂且不动，等到北岸的敌人南返渡河点燃火把时，你们也马上在河水最深的地方点燃火把。"

事情果然不出傅永所料，当天夜里，齐军偷渡淮河，袭击魏军。等齐军的大队人马靠近魏军的空营时，傅永一声令下，埋伏在营地外两侧的魏军如潮水般向齐军包围

过来。鲁康祚一见自己中了埋伏，慌忙命令部队掉头

向河水南岸的大本营撤退。此时,南岸亮起了许多火把标记,慌乱之中,齐军也分辨不清他们来时的位置,纷纷从魏军所设置火把的地方渡河。由于魏兵设置火把标记的地方河水最深,齐军不少士兵被淹死了,魏军趁机追击,连赵公政也被魏军活捉了。鲁康祚则连人带马坠入淮河中淹死了。

成长心语

傅永二十多岁开始发奋读书,三四十岁才步入官场。他的经历告诉我们,人生不用急于求成,努力做好自己的事,大器晚成也不错。

最让人敬佩的事:70多岁了,左腿中箭负伤,仍然冲锋陷阵。

爆笑小古文

勤学奋进篇 下

时间岛图书研发中心 编著

图书在版编目（CIP）数据

爆笑小古文：全8册 / 时间岛图书研发中心编绘. —— 太原：山西人民出版社, 2023.5
ISBN 978-7-203-12766-6

Ⅰ. ①爆… Ⅱ. ①时… Ⅲ. ①文言文—小学—教学参考资料 Ⅳ. ① G624.203

中国国家版本馆 CIP 数据核字 (2023) 第 069547 号

爆笑小古文：全 8 册

编　　绘：	时间岛图书研发中心
责任编辑：	刘　远
复　　审：	傅晓红
终　　审：	梁晋华
装帧设计：	冯　光

出 版 者：	山西出版传媒集团·山西人民出版社
地　　址：	太原市建设南路 21 号
邮　　编：	030012
发行营销：	0351 - 4922220　4955996　4956039　4922127（传真）
天猫官网：	https://sxrmcbs.tmall.com　电话：0351 - 4922159
E — mail：	sxskcb@163.com 发行部
	sxskcb@126.com 总编室
网　　址：	www.sxskcb.com

经 销 者：	山西出版传媒集团·山西人民出版社
承 印 厂：	三河市同力彩印有限公司

开　　本：	787mm×1092mm　1/32
印　　张：	16
字　　数：	480 千字
版　　次：	2023 年 5 月　第 1 版
印　　次：	2023 年 5 月　第 1 次印刷
书　　号：	ISBN 978-7-203-12766-6
定　　价：	158.00 元（全 8 册）

如有印装质量问题请与本社联系调换

目录

- 01 牛弘
- 07 欧阳询
- 13 李白
- 19 欧阳修
- 25 陆游
- 31 宋濂
- 37 李绂
- 43 顾炎武
- 49 戴震
- 55 小知识
- 58 参考答案

一个在时间岛屿，
手握星辰，执笔成书的乌托邦，
立志将历史故事抽丝剥茧，
带你进入时光隧道。

牛弘
藏书史研究的开创者

本姓：尞

爱好：读书

字：里仁

性格：爱书如命、宽容大度

生卒年：545—610年

代表作：《开皇律》《五礼》

名人访谈

牛弘先生，整理藏书是一件非常烦琐的事，您为什么还要做这件事呢？

书里面记载着我们中华民族的传统文化，是我们的宝贝。可是，如今这些典籍遗失了不少，实在太可惜了。为了挽救这些书籍，让文化一代又一代地传下去，我心甘情愿这样做。

这真是一项非常了不起的工作啊！

嗯，我们的后代子孙应该多读古书，多了解一些传统文化。呃……请问你读过"四书五经"吗？我们可以一起探讨一下。

啊？这个就是在关公面前耍大刀了……

最得意的事： 受到皇帝的信任和器重。

> 故事再现

牛弘笃学

——改编自《北史》

牛弘性宽厚,笃(dǔ)①志于学,虽职务繁杂,书不释②手。弟弼(bì),好酒而酗(xù)③,尝醉射杀弘驾车牛。弘还宅,其妻迎谓曰:"叔④射杀牛。"弘闻,无所怪问,直答曰:"作脯(fǔ)⑤。"坐定,其妻又曰:"叔忽射杀牛,大是异事。"弘曰:"已知。"颜色自若,读书不辍(chuò)⑥。

最值得炫耀的事: 就连为人傲气的杨素都十分敬重他。

需要知道的意思

① 笃：坚定，一心一意。② 释：放下。③ 酗：喝醉后撒酒疯。④ 叔：小叔子，妻子对丈夫弟弟的称呼。⑤ 脯：干肉。⑥ 辍：停止。

译文

牛弘性格宽容厚道，专心致志地学习，即使职务繁杂，也从来书不离手。牛弘的弟弟牛弼，喜好喝酒，且喝醉后撒酒疯，曾经醉酒后射杀牛弘驾车的牛。牛弘回家，他的妻子迎接他，对他说："小叔子射杀了给你驾车的牛。"牛弘听说后一点儿也不感到奇怪，也不追问，直接回答说："做成牛肉干。"牛弘坐定了，他妻子又说："小叔子突然射杀牛，是件异事。"牛弘说："我已经知道了。"（牛弘脸上）神色自若，依然不停止读书。

难得糊涂

当牛弘还是婴儿时，有个相士见了他，便对他的父亲说:"这个小孩日后定会富贵的,可要好好养育他。"等到牛弘长大后,果然容貌魁(kuí)伟、品性宽容、好学博闻。

后来,牛弘在朝为官,深得皇帝信任,荣耀显贵,名声很大,但是他的车子、服饰却很简朴。他侍奉皇上极尽礼节,对待下属十分仁爱。

有一次,隋文帝让牛弘传达诏令,牛弘到了殿阶之下,却没有开口,退回来谢罪说:"我把诏令的内容忘了。"隋文帝说:"传几句话只是点小才,这都不行,看来你不是当宰相的料子啊。"不过,隋文帝从此反而更加称赞他的质朴正直。

牛弘好学博闻,宽厚耿直,颇受世人敬重。即使是当时傲慢自负、看不起同朝大臣的杨素,也只有见到牛弘才不敢放肆。有一次,杨素将要进攻突厥

（jué），到太常与牛弘话别。牛弘送杨素到中门，就停下了。杨素便对牛弘说："大将出征，所以来话别，为什么相送如此近呢？"牛弘拱拱手，就退回去了。杨素感叹说："奇章公（牛弘的封爵）可说是其智可及，其愚不可及。"

与其说牛弘"糊涂"，不如说这是一种为人处世的大智慧，正因为牛弘摒弃了所谓的小聪明，他才能深得皇帝的信任和同朝官员的尊敬。

成长心语

牛弘爱好读书，学识渊博。他待人宽厚，就算弟弟杀死了自己家的牛也不气恼。他恪尽职守，生活简朴，就算当上了大官，也不改自己的本色。他一生尽职尽责，认真地完成皇帝交代的每一件事。这样的官员，怎么能不受人尊敬？怎么能不受器重呢？

名人访谈

欧阳询先生,您好!以前天天在书法课上学习您的楷书,今天终于见到您本人了,真是太荣幸了。

幸会幸会,我也没想到自己的书法能流传这么多年。

不仅如此,您的书法还会一直流传下去的。

听到你这样说,我太感动了。好吧,我现在就把珍藏多年的练字心得告诉你。

真的吗?太好了。

要想把字写好,就要做一个生活中的有心人,多多研究好的书法作品。

谨听您教诲,我会继续研究好的书法作品的。

光看不行哦!最最重要的是,要真正练起来。

被称为"唐人楷书第一"的作品:《化度寺邕禅师舍利塔铭》《虞恭公温彦博碑》《皇甫诞碑》。

> 故事再现

欧阳询观古碑

——选自《书林记事》

欧阳询尝行，见古碑，晋索靖①所书②。驻马观之，良久乃去。数百步复反③，下马伫立④，及疲，乃布⑤裘⑥坐观，因宿其旁，三日方去⑦。

最伟大的书法成就：与虞世南、褚遂良、薛稷三位并称"初唐四大家"。

需要知道的意思

① 索靖：西晋将领，著名书法家。② 书：书写，记载。③ 反：同"返"，返回。④ 伫立：长时间地站立。⑤ 布：动词，铺开，展开。⑥ 裘：皮衣。⑦ 去：离开。

译文

欧阳询曾经出行，无意中看到一块古碑，原来是晋代著名书法家索靖所写的字。于是他就停下马观赏古碑，看了很久后才离开。走了几百步后又返回来，下马站立在碑前观看，等到疲惫了，就铺开皮衣坐下来观察，晚上就睡在了古碑旁边，过了三天才离去。

楷书四大家

"楷书四大家"指的是中国历史上四位著名的楷书书法家，分别是颜真卿、柳公权、欧阳询和赵孟頫（fǔ）。

不朽的书法声誉： 与儿子欧阳通被人合称为"大小欧"。

欧阳询是唐朝初期人,他为人勤奋,博览古今,在学习王羲之、王献之等人的基础上别创新意,笔力险劲、瘦硬,意态精密俊逸,后人称之为"欧体"。

颜真卿是盛唐时期人,他为人忠诚耿直,在安史之乱中坚持抗敌,不幸被杀。他的字像他的人一样,方严正大、朴拙雄浑、大气磅礴,后人称之为"颜筋"。

柳公权是唐朝中期人,他学习王羲之、欧阳询、颜真卿的笔法,并自成一家。他的字体势劲媚,骨力道健,后人称之为"柳骨"。

最高的赞誉:不择纸笔,皆能如意。

赵孟頫是元朝人,他是中国文艺史上少有的全才,除书法外,他还擅长绘画、精通文学、通晓音律、精通道家学说和佛家学说,人称"诗、书、画三绝"。他的字工整、温和、典雅,后人称之为"赵体"。

成长心语

没有一个人的成功是轻易得来的。欧阳询为了研究古碑上的字,曾在古碑旁守了三天,这种刻苦钻研的精神,是他身上最可贵的品质,也是最值得我们学习的地方。

最具指导意义的成就:把楷书中八个基本笔画的写法归纳为"八诀"。

名人访谈

大家好,今天我们来讲一个发生在磨针溪的故事。有请今天的主人公——李白。

嗯嗯,大家好呀!

听说您小时候,有一次差点儿放弃了学业。那么您又是怎么喜欢上学习的呢?

唉,说来惭愧。那时候我还小,不懂事。那天我离开学堂,路过一条小溪的时候,看见一个老婆婆在磨铁杵。

磨铁杵?您没看错?

是的,我没看错。我就走过去,问老婆婆:"您磨这个干什么呀?"老婆婆说:"我要把它磨成针。"

可这能成功吗?

后来,我一下子顿悟了,这不和学习是一个道理吗?于是,我就返回了学堂,最终完成了学业。

最惊心动魄的景物描写:飞流直下三千尺,疑是银河落九天。

> 故事再现

铁杵（chǔ）磨成针

——选自《方舆胜览》

磨针溪，在象耳山下。世传①李太白读书山中，未成②，弃去。过是溪，逢老媪（ǎo）③方④磨铁杵，问之，曰："欲作针。"太白感⑤其意，还卒业⑥。

最孤独的感受：举杯邀明月，对影成三人。

需要知道的意思

① 世传:世人流传。② 成:完成,此指完成学业。③ 媪:妇女的通称。④ 方:正在。⑤ 感:被……感动。⑥ 卒业:完成学业。

译文

磨针溪位于象耳山下。相传李白曾在象耳山中读书,还没有完成自己的学业,就放弃学习离开了。他路过一条小溪,恰逢一位老妇人正在磨铁杵。李白问她在做什么,老妇人说:"我要把这根铁杵磨成针。"李白被她的精神感动了,便返回学堂完成自己的学业。

力士脱靴

天宝元年,李白因写诗出色,被著名诗人贺知章推荐给了唐玄宗。唐玄宗很快在金銮殿召见了李白。唐玄宗见到李白后,发现他仪表非凡、才华过人,对他很欣赏,并封李白为供奉翰林,要他在宫里写诗作文。李白很快就发现皇帝既不找他商量国家大事,也不给他分派重要公务,而是常常让他陪皇帝和贵妃游山玩水,写"宫中行乐词"。这和李白治国安邦的志向相差太远,因此他常常在苦闷中借酒浇愁。

有一天,皇帝让李白起草一份很重要的诏书。恰巧李白刚刚喝完酒,东倒西歪地走到大殿上。他眯着眼往四周看了看,看见站在皇帝身边的一个太监正在很不友好地盯着他。这个太监名叫高力士,当时深得皇帝宠爱,就连王公大臣们有时都称呼他"老爹"。

李白趁着酒性对唐玄宗说:"皇上,我有个小小的请求,不知您准不准?"唐玄宗因为急着要李白写诏书,便说:"你有什么要求,尽管讲。"李白说:"我刚喝了点儿酒,请皇上准许我穿戴随便一点儿,这样我才能把这篇诏书写得符

大众最熟悉的诗:床前明月光,疑是地上霜。举头望明月,低头思故乡。

合您的要求。"唐玄宗准了李白的要求。

于是,李白伸了个懒腰说:"我穿的鞋太紧了,要换一双宽松一点儿的便鞋。"唐玄宗便立即叫人给他取双便鞋来换。李白趁机朝站在一旁的高力士把脚一伸,说:"给我把鞋脱了!"高力士平时作威作福惯了,没想到李白会提出这种要求,他看着伸在他面前的双脚,又见唐玄宗毫无表示,只好顺从地给李白脱下了靴子。

成长心语

　　李白一生怀抱治国的远大理想,但最终未能实现。"铁杵磨成针"的故事告诉我们,只要肯下功夫,什么事情都能做成。"力士脱靴"则充分显示了李白不畏权贵、坚持自我本色的人格。

最深情的诗句:桃花潭水深千尺,不及汪伦送我情。

名人访谈

欧阳修先生,您好!您当年是考官,请问您看了苏轼的试卷后,第一反应是什么呢?

震惊!苏轼的文章写得太好了。

那您最后为什么给他判了个第二名呢?

唉,说来惭愧!当时试卷上是看不到名字的,我看着那篇文章像我的学生写的,担心别人说我徇私,就给那份试卷批个第二名。后来才知道,那篇文章是苏轼写的。我应该为这件事向苏轼道歉。

看见别人的文章比自己写得好,您会嫉妒,会生气吗?

不会。我只会提醒自己,好好努力,把自己的文章写得再好一点儿。

您的心胸真宽广!给您点赞!

欧阳修苦学成才

——选自《先公事迹》

先公四岁而孤①,家贫无资②。太夫人③以荻④(dí)画地,教以书⑤字。多诵古人篇章,使学以为师。及其稍长,而家无书读,就闾(lú)里⑥士人家借而读之,或因而抄录,以至昼夜忘寝食,惟读书是务⑦。自幼所作诗赋文字,下笔已如成人。

需要知道的意思

① 孤：幼年失去双亲，这里指丧父。② 资：钱财。③ 太夫人：指欧阳修的母亲。④ 荻：草本植物，形似芦苇，茎质地坚硬。⑤ 书：书写。⑥ 闾里：乡里。⑦ 惟读书是务：只把读书作为第一要务。

译文

欧阳修四岁的时候父亲就去世了，家境贫寒，没有多少财物。他的母亲用荻杆在地上教欧阳修写字。（欧阳修的母亲还教他）多背诵古人的经典文章。等到他稍微长大一些，因为家里没有书可读，就从乡里士人家借书来读，有时候还照着书抄录下，经常忘记了时间，忘记休息和吃饭，一心致力于读书。欧阳修小时候所作的诗赋文字，其文笔已经有成年人的水平了。

以诗论菜

一天中午，身为颍（yǐng）州知州的欧阳修与朋友悠游山水回来，错过了用膳（shàn）时间。于是，他带朋友来到一家挂有"杏花村"酒旗的普通酒馆。瑟瑟秋风中,酒旗猎猎飘动,"杏花村"三字显得特别醒目,但酒店生意却显得很冷清,只有三五赶集的农民就着炒花生喝酒聊天。

欧阳修正是看中这里的安静,便同朋友坐下来交流写诗体会。欧阳修没有官架子,平时经常深入百姓的生活当中,了解民生疾苦,所以很多人都认得这位慈眉善目的官员。今天看到欧阳修大人光临小酒馆,店主人受宠若惊,赶紧把欧阳修请进僻静的房间,斟(zhēn)了酒后,恭请欧阳修点菜。欧阳修点了三个下酒菜后便虚掩房门,与朋友频频举杯。让店主人纳

最灵动的词句:微动涟漪,惊起沙禽掠岸飞。

闷的是，上菜后不到二炷香的时间，欧阳修便唤店主人结账了。店主人问："欧阳大人，敝店酒菜如何？"欧阳修沉吟道："酒还不错，不过菜呢……"他从店主人手上要过纸笔，题了首打油诗："大雨哗哗飘过墙，诸葛无计找张良，关公跑了赤兔马，刘备抡刀上战场。"店主人看后，脸涨得通红，为何？原来这四句诗分别说的是"无檐（盐）""无算（蒜）""无缰（姜）""无将（酱）"。这无盐、无大蒜、无生姜、无酱油的菜怎能让客人满意呢？

成长心语

欧阳修不仅才华横溢，而且为人宽宏大量。这则典故中，欧阳修通过一首打油诗既指出了对方的不足之处，又给人留足了面子，充分显示了其杰出的文采，以及其平和宽容的处事态度，令人钦佩。

最潇洒的句子：醉翁之意不在酒，在乎山水之间也。

名人访谈

陆游先生,您一生写下了许多脍炙人口的诗词。请问,您写作的灵感是从哪里来的呢?

呵呵,哪里有什么灵感。我只是看到什么,想到什么,就写什么罢了。

您能举个例子吗?

比如一个秋天的晚上,下起了大雨。我躺在床上,听着雨声,心里无限挂念为国家守卫边疆的事,恍恍惚惚就觉得自己真的骑着战马出征了。于是,我就写下了:"僵卧孤村不自哀,尚思为国戍轮台。夜阑卧听风吹雨,铁马冰河入梦来。"

太厉害了,您随便提笔一写就是千古名句啊!

不不,这不是随随便便写出来的,这是我真实的想法,字字句句都是真情实感。

哦……对不起,我理解太肤浅了。

最让人豁然开朗的诗句: 山重水复疑无路,柳暗花明又一村。

> 故事再现

书巢记

——陆游

吾室之内,或栖于椟(dú)①,或陈于前,或枕籍于床,俯仰四顾,无非书者。吾饮食起居,疾痛呻吟,悲忧愤叹,未尝不与书俱。宾客不至,妻子②不觌(dí)③,而风雨雷雹之变有不知也。间④有意欲起,而乱书围之,如积槁枝,或至不得行,则辄⑤自笑曰:此非吾所谓巢者邪!乃引客就⑥观之,客始不能入,既入又不能出,乃亦大笑曰:信⑦乎,其似巢也!

需要知道的意思

① 椟:木柜、木匣,这里指书橱。② 妻子:妻子和儿女。③ 觌:相见。④ 间:间或、偶尔。⑤ 辄:于是。⑥ 就:靠近。⑦ 信:确实。

> 译文

　　我的屋子里，有的书堆在书橱上，有的书陈列在面前，有的书放在床上当枕头，抬头低头，四周环顾，没有不是书的（地方）。我的饮食起居，痛苦呻吟，悲伤、忧愁、愤怒、感叹，不曾不与书有关。客人不来拜访，妻子儿女不相见，而刮风、下雨、打雷、落冰雹等天气变化，我有时也不知道。偶尔想要站起来，但杂乱的书围绕着我，好像积着的枯树枝，有时到了不能行走的地步，就自己笑自己说："这不就是我所说的书窝吗！"于是邀请客人走近看，客人刚开始（因书的堆积）难以进入，已到屋里后又不能出来，客人也大笑着说："这确实像书窝啊！"

伟大的爱国诗人

陆游是我国南宋诗人,他的一生非常坎坷。他生活的那个年代,北方的少数民族政权经常南下进扰中原。当时的宋朝丧失了大量国土,被迫偏安南隅(yú),人民生活在水深火热之中。少年时代的陆游就不得不随着家人逃难,饱尝流离失所的痛苦。

陆游从小就受到父亲爱国思想的熏陶,很早就养成了忧国忧民的品格。为了实现自己报效祖国的理想,他特别注意学习兵书。二十岁时,他在一首诗中写道:"上马击狂胡,下马草军书。"他希望自己有一天能亲临战场、杀敌报国。然而直到四十岁时,他才有机会在军中做了一名军官。在不到一年的军营生活里,他身着戎装,来往于前线各地,既看到了抗敌将士的艰苦生活,也感受到了将士们的爱国热情,这些经

最深情的诗句:也信美人终作土,不堪幽梦太匆匆。

历和所见所闻极大地提升了他的诗歌境界。

然而，软弱无能的南宋朝廷只想偏安一隅、苟且偷生。精忠报国的岳飞被杀了，陆游也被罢官了。他后来又经历了当官、罢官的过程，一直被当权的投降派压制排挤，壮志难酬。

闲赋在家时的陆游一边关心国事，一边教育子女，他将希望寄托在下一代的身上。嘉定二年，陆游忧愤成疾，与世长辞，享年八十五岁。陆游留下绝笔《示儿》作为遗嘱："死去元知万事空，但悲不见九州同。王师北定中原日，家祭无忘告乃翁。"

成长心语

陆游的一生历经坎坷，但不管遭遇了什么，他始终忧国忧民。有机会就争取去战场上杀敌，不能上战场就编修国史、作诗写词。陆游以其鲜明的爱国精神、忧国忧民的情怀鼓舞了人们，受到人们的尊崇。

最坚忍的诗句：零落成泥碾作尘，只有香如故。

宋濂

记忆超群 小神童

字：景濂

号：潜溪

生卒年：1310—1381年

朝代：元末明初

别名：宋太史、宋学士、宋文宪、宋潜溪、宋龙门

代表作：《送东阳马生序》

宋濂先生,您好!听说您为了向老师请教问题,甘愿走上一百里。您不怕辛苦吗?

读书的时候遇到不懂的问题,满脑子想的都是要向老师问清楚。走路的时候,脑子里想的也都是问题,根本没顾虑辛苦不辛苦。走着走着,就到了。

您说得这么轻巧,但那么远的路,一定很坎坷。

是啊!遇上刮风下雨或者大雪天,真的很遭罪。

那您不能改天再去吗?

不能,和老师约好了哪天去,就得哪天去。做人要信守诺言。

怪不得老师都很喜欢您呢。

特殊技能: 能在一粒米上写八个字。

故事再现

送东阳马生序(节选)

——宋濂

余①幼时即嗜(shì)学②。家贫,无从③致④书以观,每假借⑤于藏书之家,手自笔录,计日以还。天大寒,砚冰坚⑥,手指不可屈伸,弗之怠⑦。录毕,走⑧送之,不敢稍逾(yú)约⑨。以是人多以书假余,余因得遍观群书。

过人之处:记忆超群.

需要知道的意思

① 余：我，宋濂自称。② 嗜学：爱好读书。③ 无从：无处，没有办法。④ 致：获得。⑤ 假借：借。⑥ 砚冰坚：指砚台中的墨水结成坚硬的冰。⑦ 弗之怠：不懈怠，不放松读书。⑧ 走：跑，这里指赶快。⑨ 逾约：超出约定的期限。

译文

我小时候很喜欢读书。因为家里穷，没办法买书来读，常向藏书的人家借书，借来后就动笔抄写，计算着日子按时归还。天气极度寒冷时，砚台里的墨水结成坚硬的冰，我的手指都无法屈伸，却不敢懈怠。抄完后小跑着前去归还人家，从不超出约定的期限。因此很多人愿意借书给我，我才有机会读到很多书。

少年神童

宋濂与章溢、刘基、叶琛(chēn)被后世并称为"浙东四先生"。宋濂更被明太祖朱元璋誉为"开国文臣之首"。据说他很小的时候便是个天才，被誉为"神童"。

杰出成就： 与刘基、高启并列为"明初诗文三大家"。

幼年的宋濂体弱多病，但这个天生多病的小孩六岁便能读诵古文书，而且过目不忘，一日之内就能读完唐人李瀚所写的《蒙求》。九岁的时候他就会作诗，令人惊叹。

十五岁时，宋濂神童之名远近闻名，当时有个叫张继之的人想要考考他，于是特地邀请宋濂到他家中做客。

张继之看了看宋濂，问道："你需要多少日可通背'四书经传'？"宋濂笑了笑，自信地说道："一周就可以了。"张继之听了大惊，以为宋濂不过信口胡说而已，于是张继之决定一周后抽查他，问道："一

周之后,我再来抽查你,怎么样?"宋濂毫不犹豫地说道:"您随便考便是。"

一周之后,张继之随机抽查杂书、稗记里面五百来句让宋濂背诵,没有想到,宋濂竟然当场一字不错地流利地背诵了下来。

张继之十分惊恐,对宋濂的父亲说:"这个孩子天分非凡,应当让他随名师学习。"

成长心语

宋濂从小聪慧,且记忆力超群,是个小神童。但他后来的成功,和他的刻苦是分不开的。他把借来的书都抄写下来,为了向老师请教不惜走上百里。有这样的天赋和顽强的求学精神,怎么会不成功呢?

名人访谈

李绂先生,您好!听说您作诗速度特别快,下笔如飞,这是真的吗?

哈哈,这倒是有一点点夸张了。不过,我作诗写文章的确不慢,你要不要和我比试比试?

啊……不不不,我可不敢在关公面前耍大刀。许多同学都为写作文感到烦恼,那怎样才能快速写出一篇好文章呢?您能传授一下经验吗?

没问题。我能写好文章,最主要的原因是我读书多。我从小就喜欢读书,不管什么样的书,我都喜欢看。告诉你一个秘密:我家有五万册藏书呢!

五万?那得多少年才能看完啊!

我早就读完了,如果发现书里有不清楚或不正确的地方,我还会查阅资料,把问题彻底弄清楚。

怪不得您写文章又快又好,看来我也得好好读书了。

最让人羡慕的事: 记忆力超强,过目不忘。

> 故事再现

李绂性聪慧

——选自《啸亭杂录》

李侍郎①绂,性聪慧。少时家贫,无赀(zī)②买书,乃借贷于邻人。每一翻绎,无不成诵。

偶入城市,街衢(qú)③铺店名号皆默识之。后官翰林,库中旧藏有《永乐大典》,公皆读之。同僚取架上所有,抽以难公,无不立对,人皆惊骇。

最让人敬佩的事:因为弹劾宠臣三次入狱,两次押赴刑场,险些问斩,却不改初心。

需要知道的意思

① 侍郎：官名。② 赀：同"资"，钱财。③ 衢：四通八达的道路。

译文

李侍郎，名绂，生性聪明。（他）年少时家里很穷，没有钱财买书，于是向邻居借钱。翻阅过的书本，（他）没有不会背诵的。

偶尔去集市，看到街道上店铺的名称，他都暗自记住。后来他官至翰林，书库中有以前收藏的《永乐大典》，他都读过。和他一起共事的官吏把书架上所有的书拿下来，从中抽取来考他，他都能立刻答出，大家都十分吃惊。

人民的好公仆

雍正二年，李绂担任广西巡抚。在任上，他勤政爱民，惩贪肃暴，维护治安稳定，带领百姓发家致富。

最有研究价值的作品：《朱子晚年全论》。

广西有少数民族，民风彪悍（biāo hàn），朝廷设立土司管辖（xiá）。李绂到任之后，就发生了苗族百姓受土司挑拨而产生冲突之事，当地生产遭到破坏。

李绂没有立即处置苗民，而是深入调查，了解事实。最终从教育入手，平息了争端，并严禁官员、土司欺压苗民。他宣布凡是有巧立名目，勒索财物者，一经查实，立即革职。李绂到广西任职之后，当地吏治开始清明起来。

雍正三年，李绂升任直隶总督。当时雍正宠臣田文镜担任河南总督，李绂途经河南时，见到了田文镜及其属下对于读书人的不公待遇，当地百姓敢怒不敢言，但李绂丝毫无惧，上书弹劾（hé）。

雍正四年，刚到京就任的李绂遇到了大水灾，当时百姓流离失所，尸横遍野。在得知各县灾情之后，他果断下令先开仓赈济灾民，再向朝廷请罪。这一举措救活了无数百姓。

成长心语

李绂生性聪明但仍手不释卷，在文、史、理等方面都取得了一定成就。弹劾皇帝的宠臣，是一件非常危险的事，稍不小心就会没命，但李绂却为了百姓，完全不顾自己的生死，刀架在脖子上，依然不改变主意。这种勤奋好学、不畏权贵的精神，值得我们学习。

最令人称颂的成就：主修了许多本历史、理学、文学、方志学等类型的书。

顾炎武

清代开国儒师

人称:亭林先生

本名:绛

朝代:明末清初

字:忠清、宁人

生卒年:1613—1682年

身份:思想家、经学家、史地学家和音韵学家

名人访谈

顾炎武先生,您好!我们出去旅游的时候,都喜欢轻装上阵。可是听说您每次出门,都要用两匹马、三头骡子带着好多行李。是这样的吗?

呵呵,我这马和骡子驮着的可不是行李。

那是什么呀?难道您把家里值钱的东西都带上了?

哈哈,说是最值钱的东西也没错。它们驮的都是书。

啊?带那么多书出门?

没办法,一天不读书我就浑身不舒服。

看来您是真的喜欢读书,佩服!佩服!

最伟大之处: 与王夫之、黄宗羲、唐甄并称为明末清初四大启蒙思想家。

顾炎武手不释卷

——选自《亭林先生神道表》

凡先生之游①，以②二马三骡载③书自随。所至厄塞④，即呼老兵退卒询⑤其曲折⑥；或⑦与平日所闻不合，则即⑧坊肆⑨中发⑩书而对勘⑪之。或径行⑫平原大野，无足⑬留意，则于鞍上默诵诸经注疏⑭；偶有遗忘，则即坊肆中发书而熟⑮复⑯之。

需要知道的意思

① 凡先生之游：凡是先生出外游历。先生，指顾炎武。② 以：用。③ 载：运载。④ 厄塞：险要的关口。⑤ 询：询问。⑥ 曲折：道路，关卡的详细情况。⑦ 或：有时。⑧ 即：靠近，走向。⑨ 坊肆：街市中的客店。⑩ 发：打开。⑪ 对勘：核对校正。⑫ 径行：行走。⑬ 足：足以，值得。⑭ 诸经注疏：各种儒家经典著作的注释疏证。⑮ 熟：仔细，认真。⑯ 复：复习。

译文

凡是先生（顾炎武）出外游历，都用两匹马、三头骡子驮着书跟随自己。到了险要的关口，就叫来老兵和退休的差役询问这里的详细情况；有时与平时听说的不一样，就到街市中的客店里打开书，对此核对校正。有时走在平原旷野，没有什么值得留意的，就在马背上默默地记诵各种经典的注解疏证；有时有所遗忘，就走到街市中的客店里打开书，仔细认真地复习它。

顾炎武

顾炎武本名顾绛(jiàng)，字忠清，出身官宦世家，自小就勤奋好学。

明朝末年，清军入关后，顾炎武加入南明，希望能够辅佐皇帝打败清军，可惜的是，南明内部争权

最自豪的事：清代学术的开山之祖。

夺利，不久就兵败了。兵败后，因为仰慕文天祥的学生王炎午的为人，他便改名为炎武，其他人尊称他为"亭林先生"。

虽然抗清失败了，但顾炎武并不灰心，他漫游大江南北，记录各地的地形，试图有一天能东山再起。到了晚年，顾炎武的学问已十分渊博，对于国家典制、郡邑掌故、天文仪象、河漕（cáo）兵农、经史百家及音韵训诂（gǔ）等学问都有研究，备受世人尊重。

他强调做学问必须先立人格，提出以实学代替理学的主张。他的诗沉郁苍凉，有强烈的爱国精神。

成长心语

顾炎武生活在一个动荡的年代，经历了许多挫折；但是，他没有沉沦下去，而是更加发愤图强，成了受世人敬重的清代开国儒师。他面对挫折时的选择和做法，值得我们学习。

最有影响力的名言： 天下兴亡，匹夫有责。

名人访谈

戴震老师,您好!请问您是一个胆子特别大的人吗?

算不上吧,我有时候也会害怕。

那您怎么敢在课堂上质问老师呢?

哦,你说的是这件事啊!其实我不是质问老师,只是对书里所说的内容有疑惑,想把问题弄清楚罢了。

当时老师觉得很难为情吧?

有那么一点点。不过,我的老师特别开明大度,他没有生气,反而还夸我有前途呢。

真的吗?以后我再遇到不懂的问题,也要大胆地向老师求教。

最落魄的时刻: 被人诬陷四处逃难。

> 故事再现

戴震难师

——选自《戴东原先生年谱》

（戴震）就傅①读书，过目成诵，日数千言不肯休②。授《大学章句》，至《右经一章》以下，问塾③师："此何以④知为孔子之言⑤而曾子述⑥之？又何以知为曾子之意而门人⑦记之？"师应⑧之曰："此朱文公所说。"即问："朱文公何时人？"曰："宋朝人。""孔子、曾子何时人？"曰："周朝人。""周朝、宋朝相去⑨几何⑩时矣？"曰："几二千年矣。""然则⑪朱文公何以知然？"师无以应，曰："此非常儿也。"

> 需要知道的意思

① 就傅：跟随老师。就，跟随。② 休：停。③ 塾：私塾，私人开办的学校。④ 何以：即"以何"，凭什么。⑤ 言：话语。⑥ 述：记述。⑦ 门人：学生。⑧ 应：回答。⑨ 相去：相隔。去，距离。⑩ 几何：多少。⑪ 然则：既然这样，那么……

最气愤的时刻：文章写得太好，被误会是抄袭的。

译文

（戴震）跟随老师读书，看一遍就能背下来，每天背几千字还不肯停下来。私塾老师教《大学章句》，到《右经一章》，（戴震）问老师："凭什么知道这是孔子的话，而由曾子记述？又怎么知道是曾子的意思，而且是他的学生记下来的呢？"老师回答他说："这是朱文公（朱熹）说的。"（戴震）马上问："朱文公是什么朝代的人？"老师回答说："宋朝人。"戴震问老师："孔子、曾子是什么朝代的人？"老师说："周朝人。"戴震追问道："周朝和宋朝相隔多少年？"老师说："差不多两千年了。"戴震又问老师："既然这样,那么朱文公怎么知道是这样的呢?"老师不知道该怎么回答了,说:"这个孩子非同一般。"

艰苦卓绝的学习生涯

戴震字东原,是安徽休宁隆阜人,是我国历史上伟大的思想家。梁启超称之为"前清学者第一人"。

戴震在十岁这年进了私塾,这令以前羡慕别人读书的他高兴至极。因此他也特别珍惜这来之不易的学习机会。他善于思考,面对问题喜欢刨根问底。

经过多年的苦读深思,加上后来得到大学者江永的指导,戴震的思想、性格逐渐成熟,学识逐步超过了老师江永和其他同学。戴震虽

最让人敬佩之处:在天文、数学、历史、地理、音韵等方面都有很高的成就。

名满天下，但他科举之路不顺，因此他经常连饭都吃不饱。二十九岁那年，他在家写《屈原赋注》一书，因为没有经济来源，穷得揭不开锅，只好跟面铺的老板说好，每天低价买一些面屑子回家充饥。就是在这种艰苦的条件下，他仍笔耕不辍，终于写成了《屈原赋注》。

成长心语

尽管生活艰难窘迫，食不果腹，颠沛流离，可戴震依然不改初心，勤学善思，质疑推敲，笔耕不辍。戴震的故事告诉我们，不管前路多么艰难，不管遇到多大的问题，只要不改初心，热爱学习，善思善疑，终能迎来曙光。

最不愿意提起的事：好几次考试都落榜了。

一、请补充下列句子中空缺的信息。

1. 磨针溪位于 _____ 山下。

2. _____ 曾游说六国，身佩六国相印，主张合纵抗秦。

3. 宋濂借书抄完后赶紧送还，从不超出 _____ 的期限。

4. 宋濂被明太祖 _____ 誉为"开国文臣之首"。

5. 晋平公 _____ 岁了还想学习。

6. 师旷说老年时好学，就像点燃的 _____ 那样明亮。

7. 欧阳修在 _____ 岁时父亲就去世了，家境十分贫寒。

8. 欧阳修经常忘记了时间，忘记了休息和吃饭，只把 _____ 作为第一要务。

9. _____ 在夏天读书的时候，用白绢做的口袋装着捉来的几十只萤火虫，夜以继日地努力学习。

10. 汉朝的 _____ 曾悬梁苦读，努力学习。

二、请解释下列句子中加点词的意思。

1. 资用匮乏。_____

2. 引锥自刺其股。_____

3. 牛弘性宽厚，笃志于学。_____

4. 邑人大姓，文不识。_____

5. 衡乃与其佣作而不求偿。＿＿＿＿＿
6. 家贫无书，常游洛阳市肆。＿＿＿＿＿
7. 孤岂欲卿治经为博士邪！
8. 幼随叔父洪仲与张幸自青州入魏，寻复南奔。

9. 中夜闻荒鸡鸣，蹴琨觉，曰："此非恶声也！"

10. 或栖于椟，或陈于前，或枕籍于床，俯仰四顾，无非书者。

三、用现代汉语说一说下列几句古文表达的意思。

1. 李白感其意，还卒业。

2. 安有说人主而不得者乎？

3. 颜色自若，读书不辍。

4. 衡乃穿壁引其光，以书映光而读之。

5. 少时家贫，无赀买书。

6.士别三日,即更刮目相待,大兄何见事之晚乎!

7.永乃发愤读书,涉猎经史,兼有才干。

8.虽与之俱学,弗若之矣。

9.(戴震)就傅读书,过目成诵,日数千言不肯休。

10.每假借于藏书之家,手自笔录,计日以还。

四、读名人小故事,收获成长大道理。

1.说一说宋濂身上有哪些优秀品质值得我们学习。

2.学海无涯,人生苦短。你知道哪些关于惜时的诗词呢?

一、请补充下列句子中空缺的信息。

1. 象耳
2. 苏秦
3. 约定
4. 朱元璋
5. 七十
6. 蜡烛
7. 四
8. 读书
9. 车胤
10. 孙敬

二、请解释下列句子中加点词的意思。

1. 缺乏
2. 大腿
3. 坚定,一心一意。
4. 同乡人
5. 报酬
6. 书店
7. 当时专掌经学传授的学官
8. 不久
9. 用脚踢

10. 木柜、木匣，这里指书橱。

三、用现代汉语说一说下列几句古文表达的意思。

1. 李白被她的精神感动了，便返回学堂完成自己的学业。

2. 哪有去游说国君而不能成功的人呢？

3. （牛弘）脸上神色自若，依然不停止读书。

4. 匡衡就把墙壁凿穿引来邻家的烛光，使光照在书上来读。

5. （他）年少时家里很穷，没有钱财买书。

6. 与读书的人分别几天，就应当用新的眼光来看待，长兄你知晓事情怎么这么晚呢？

7. 傅永于是发愤读书，广泛地阅读经书和史书，（这才）有了才能和谋略。

8. （这个人）虽然同前一个人一起学习，（但学习效果）不如他。

9. （戴震）跟随老师读书，看一遍就能背下来，每天背几千字还不肯停下来。

10. 常向藏书的人家借书，借来后就动笔抄写，计算着日子按时归还。

四、读名人小故事，收获成长大道理。

1.宋濂热爱读书、刻苦学习、谦虚求教、认真求学、诚实守信的精神值得我们学习。宋濂小时候家里条件艰苦，没书可读，他就借书抄书来读，风雨无阻，手指冻得无法屈伸也不停止抄写，而且每次都能按时归还。

2.白日何短短，百年苦易满。—— 李白《短歌行》

古人学问无遗力，少壮工夫老始成。

—— 陆游《冬夜读书示子聿》

少年易老学难成，一寸光阴不可轻。—— 朱熹《偶成》

盛年不重来，一日难再晨。

—— 陶渊明《杂诗十二首（其一）》

少壮不努力，老大徒伤悲。—— 乐府诗《长歌行》

爆笑小古文

家国责任篇 上

时间岛图书研发中心 编著

图书在版编目（CIP）数据

爆笑小古文：全8册／时间岛图书研发中心编绘． —— 太原：山西人民出版社，2023.5
ISBN 978-7-203-12766-6

Ⅰ．①爆… Ⅱ．①时… Ⅲ．①文言文—小学—教学参考资料 Ⅳ．① G624.203

中国国家版本馆 CIP 数据核字 (2023) 第 069547 号

爆笑小古文：全8册

| 编　　绘：时间岛图书研发中心
| 责任编辑：刘　远
| 复　　审：傅晓红
| 终　　审：梁晋华
| 装帧设计：冯　光

出 版 者：山西出版传媒集团·山西人民出版社
地　　址：太原市建设南路21号
邮　　编：030012
发行营销：0351 - 4922220　4955996　4956039　4922127（传真）
天猫官网：https://sxrmcbs.tmall.com　电话：0351 - 4922159
E — mail：sxskcb@163.com　发行部
　　　　　sxskcb@126.com　总编室
网　　址：www.sxskcb.com

经 销 者：山西出版传媒集团·山西人民出版社
承 印 厂：三河市同力彩印有限公司

开　　本：787mm×1092mm　1/32
印　　张：16
字　　数：480千字
版　　次：2023年5月 第1版
印　　次：2023年5月 第1次印刷
书　　号：ISBN 978-7-203-12766-6
定　　价：158.00元（全8册）

如有印装质量问题请与本社联系调换

目录

- 01 楚庄王 
- 07 孔子 
- 13 勾践 
- 19 曾子 
- 25 孟子 
- 31 陈胜 
- 37 陈平 
- 43 苏武 
- 49 班超 
- 55 蔡顺

一个在时间岛屿,
手握星辰,执笔成书的乌托邦,
立志将历史故事抽丝剥茧,
带你进入时光隧道。

楚庄王

韬光养晦的一代霸主

身份：楚国国君

姓氏：芈（mǐ）姓，熊氏

朝代：春秋

别称：荆庄王

在位时间：公元前613—前591年

名人访谈

您执政的前三年里基本不问政事,表现得像一位纵情享乐的昏君。请问这是有意而为之吗?

当然!我即位时不到二十岁,那时楚国内部矛盾重重,形势复杂。于是,我以静观动,慢慢地对国内的政局有了一个基本了解,也能分辨出忠臣和奸臣了。

原来您看似每天沉湎于声色犬马之中,其实都在暗中观察,楚国的一切都在您的掌握之中啊!

是的,后来我积极纳谏、重用人才、发展经济……采取了一系列措施去充实国力。

楚国也在您的治理下一步步强大起来,真是"不鸣则已,一鸣惊人"!

最难忘的一场战役:邲(bì)之战。

> 故事再现

一鸣惊人

——选自《韩非子》

楚庄王莅（lì）政①三年，无令发，无政为也。右司马御②座而与王隐③曰："有鸟止南方之阜（fù）④，三年不翅，不飞不鸣，嘿（mò）然⑤无声，此为何名？"王曰："三年不翅，将以长羽翼；不飞不鸣，将以观民则。虽无飞，飞必冲天；虽无鸣，鸣必惊人。子释之，不穀⑥知之矣。"处半年，乃自听政，所废者十，所起者九，诛大臣五，举处士六，而邦大治。

> 需要知道的意思

① 莅政：临朝治理政事。② 御：侍奉。③ 隐：有所暗指的话，也指谜语。④ 阜：土山。⑤ 嘿然：沉默无言的样子。⑥ 不穀：古代王侯自称的谦辞。

最显著的成就：并国二十六，益地三千里。

> 译文

　　楚庄王执政三年，没有发布过任何政令，在处理朝政方面没有任何作为。右司马侍奉在一旁，用谜语暗示楚庄王，说："有一只鸟栖息在南边的土山上，三年不展翅，不飞翔，也不鸣叫，沉默着不发出声音，这是什么名堂？"楚庄王说："三年不展翅，是用来生长羽翼；不飞翔、不鸣叫，是用来观察人们的行为准则。虽然没有起飞，一飞必定冲天；虽然没有鸣叫，一鸣必定惊人。您放心吧，我明白您的意思了。"过了半年，（楚庄王）就亲自处理政事了，废掉的弊政有十项，兴办的事情有九件，诛杀了五个大臣，起用了六位有才学的隐士，从此国家安定繁荣。

最具魅力之处：既有霸主的气概，又不失仁者的宽厚。

问鼎中原

楚人发源于荆山,被周天子封为子爵,但他们觉得爵位太低了,楚国国君便自立为王。楚人因远离中原,一直被视作蛮夷,周边也是强敌和异族环伺。但楚人筚(bì)路蓝缕,以启山林,从鄂(è)西北的大山区一路迁移至江汉平原。

公元前613年,楚庄王即位。之后,他在名相孙叔敖的辅佐下,灭掉了心头大患庸国,实现了楚国的崛起。公元前606年,楚庄王率领楚国大军来到东周的都城洛阳南郊,举行了盛大的阅兵仪式。即位不久的周定王为此忐忑不安,赶紧派了善于应对的王孙满去慰劳。

楚庄王见了王孙满,便故意询问九鼎的大小和形状。

王孙满委婉地说道:"一个国家的兴亡在德义的有无,而不在鼎的大小轻重。周王室虽然衰微,但是天命未改。宝鼎的轻重,还是不宜过问啊。"楚庄王思索良久,最终还是打消了取代周天子的心思。

问鼎中原后,楚庄王挥师伐郑,郑国急忙向晋国求救。于是,晋、郑、楚三国在邲地展开大战。最终,楚国大败晋、郑联军,取得了晋、楚争霸的决定性胜利,奠定了楚庄王"春秋五霸"的地位。

成长心语

雄才大略的楚庄王并不是一开始就显露出过人的才能,他没有锋芒毕露,而是懂得韬光养晦,最终楚国在他的统治下实现了大治。这告诉我们,所谓的"一鸣惊人"也是不断积累的结果,默默努力是成功之路上必不可少的铺路石。

最令人敬佩之处: 在位期间励精图治,成为"春秋五霸"之一。

孔子
古代最厉害的老师

名：丘

字：仲尼

身份：儒家学派创始人

朝代：春秋

代表作：《春秋》

生卒年：约公元前 551—约前 479 年

名人访谈

三人行,必有我师焉。择其善者而从之,其不善者而改之。

这是我说过的话,你怎么这么清楚啊?

啊!您是……大名鼎鼎的孔子先生吗?

没错,我是孔子。

孔子先生,您好!见到您真是太高兴了。您还不知道吗?您的弟子及再传弟子把您说过的话都记录下来,编成了一本叫《论语》的书。

是吗?他们能这样做,我感到非常欣慰。

《论语》流传广泛、影响深远,某些内容更是被选入了教科书。

谢谢你告诉我这些,大家喜欢《论语》我就放心了。

最促人进步的话:敏而好学,不耻下问。

故事再现

孟懿（yì）子①问孝

——选自《论语》

孟懿子问孝。子曰："无违。"

樊迟②御③，子告之曰："孟孙④问孝于我，我对曰'无违'。"樊迟曰："何谓也？"子曰："生，事之以礼；死，葬之以礼，祭之以礼。"

最豁达的话：不义而富且贵，于我如浮云。

需要知道的意思

① 孟懿子：鲁国大夫。② 樊迟：人名，孔子的弟子。③ 御：驾车。④ 孟孙：指孟懿子。

译文

孟懿子向孔子请教关于孝道的问题。孔子说："不违背礼就好。"

当樊迟为孔子驾车时，孔子告诉他说："孟孙向我问关于孝道的问题，我告诉他不要违背礼。"樊迟问："这是什么意思呢？"孔子说："父母在世，要按照礼去侍奉他们；父母去世，要按照礼去安葬他们，按照礼去祭祀他们。"

孔子学琴

孔子是鲁国陬邑（今山东省曲阜市）人，中国古代著名的思想家、政治家、教育家，儒家学派创始人。

孔子开创私人讲学之风，有弟子三千，其中贤人七十二。孔子曾带领部分弟子周游列国十几年,晚年修订了《诗》《书》《礼》《乐》《易》《春秋》。孔子去世后,其弟子及再传弟子把他及其弟子的言行语录和思想记录下来,整理编成《论语》。

从前,孔子跟师襄学琴。师襄教了一首曲后,孔子每日弹奏。过了十天,师襄认为孔子弹得不错,可以学新曲了,而孔子却说:"我虽学会了曲谱,可还没掌握弹奏技巧。"

又过了许多天,师襄认为孔子掌握了弹奏技巧,可以学新曲了。孔子却说:"我还没有品味出这首曲

的神韵。"又过了许多天,师襄说:"你已领会了这首曲的神韵,可以学新曲了。"孔子又说:"我还没体会出作曲者是怎样一个人。"

后来,过了很多天,孔子庄重地向远处眺望,说:"我现在知道作曲者是什么人了。这人身材魁梧,胸怀大志,要统一四方,一定是周文王。"师襄听后,立即离席向孔子行礼,说:"这首曲子就叫作《文王操》啊!"

成长心语

孔子不但认真学习弹奏曲子,还不厌其烦地对曲子进行细致深入的研究。我们应该学习孔子这种专心致志、刻苦钻研的精神。

最发人深省的话:见贤思齐焉,见不贤而内自省也。

名人访谈

勾践先生,苦胆一定很苦吧?

嗯,那是世界上最苦的东西,比苦瓜苦一百倍。

苦瓜我都吃不下去,您怎么能下决心每天尝苦胆呢?

人一旦安逸下来,就很容易忘记苦难,自甘堕落。为了激励自己,我才想出了这个法子。

这招很管用吧?

嗯,每次一尝到苦胆的味道,我就会想起在吴国时遭受的苦难,也更加坚定了自己发愤图强的决心。

您的这种精神真让人钦佩,我也要想办法激励自己好好学习。

走出舒适区,树立明确目标,我相信你一定会学有所成。

最自豪的事: 灭掉吴国,成为春秋时期最后一位霸主。

> 故事再现

卧薪尝胆

——选自《史记》

吴既赦①越,越王勾践反②国,乃苦身焦思,置胆于坐,坐卧即仰胆,饮食亦尝胆也。曰:"女③忘会稽④之耻邪?"身自耕作,夫人自织。食不加肉,衣不重采⑤。折节⑥下贤人,厚遇宾客,振⑦贫吊死,与百姓同其劳。

最屈辱的事:打了败仗,被迫向吴国求和,在吴国受尽折磨和屈辱。

需要知道的意思

① 赦：赦免。② 反：同"返"，返回。③ 女：同"汝"，你。④ 会稽：古吴越地名。在今浙江绍兴。⑤ 重采：色彩鲜艳。采，同"彩"。⑥ 折节：降低自己的身份。⑦ 振：救助。

译文

吴王赦免了越王，越王勾践回到越国，每天让自己的身体劳累，让自己焦虑地思索，还把一个苦胆挂在座位上面，每天坐下休息、躺下睡觉之前都要看看苦胆，吃饭喝水之前也要先尝尝苦胆。他常常对自己说："你难道已经忘记了在会稽所受的耻辱了吗？"他亲自到田间种地，他的夫人穿自己织的布做成的衣服。他吃的每顿饭里几乎没有肉，穿的衣服没有鲜艳的颜色。他对待贤明的人毕恭毕敬，对待宾客厚礼相赠，扶助贫困的人，哀悼死去的人，和百姓们一同劳作。

箪（dān）醪（láo）劳师

春秋时期，越王勾践被吴王夫差打败后，为了实

最让人敬佩的事：为了完成复国大业，卧薪尝胆，发愤图强。

现"十年生聚，十年教训"的复国大略，在越国采取了一系列治国安邦的措施。其中一项就是鼓励人民生育，增加人口。据史料记载，勾践曾把酒作为生育的奖品，规定生儿子，奖励两壶酒和一条狗；生女儿，奖励两壶酒和一头猪。那时候只有上层贵族才有资格享用酒，但君主为了表示对百姓的关怀，赢得民心，常常会赐酒给百姓。

经过十年的休养生息，越国人丁兴旺，粮库丰盈，兵精马壮，上下同心，终于迎来了出兵征讨吴国的这一天。

出发前，越中父老向勾践献上美酒，勾践心潮澎

湃，豪情满怀，把酒倒在河的上游，整条河顿时酒香弥漫。他与将士们一起俯身河畔，迎流共饮，于是士卒振奋，信心倍增。这在历史上被称为"箪醪劳师"。

在这之前，勾践还略施小计，献出大量美酒给吴国，而吴国上下喝得昏天黑地，积瓶成山。这样，一边是酒长士气，一边是醉生梦死。越国趁机一举灭了吴国。现在，在绍兴市南还有一条投醪河。

成长心语

越王勾践战败后没有自暴自弃，而是卧薪尝胆，用了十年的时间，让自己的国家逐渐强盛起来，并最终打败了吴国。他的经历充分印证了"有志者，事竟成"这句话。

相关成语故事：卧薪尝胆、兔死狗烹、鸟尽弓藏。

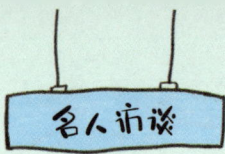

名人访谈

曾子先生,您好!听说您为了一句话,就把家里的猪杀了,您觉得这样做值得吗?

当然值得了。既然答应了儿子,就一定要说到做到。

您的儿子还那么小,哄一哄就好了呀。

这和年龄大小没关系,不管是面对八十岁的老翁,还是吃奶的小娃娃,都要说到做到。我这样做,也是为了给儿子树立一个好榜样。

您真是一位好父亲!

天底下的父母都应如此。

是的,我爸爸也很注重对我的言传身教。

最骄傲的事:被后人尊为"宗圣"。

> 故事再现

曾子杀彘（zhì）①

——选自《韩非子》

曾子之妻之②市，其子随之而泣，其母曰："女还，顾③反为女杀彘。"妻适④市来，曾子欲捕彘杀之。妻止之曰："特⑤与婴儿戏⑥耳。"曾子曰："婴儿非与戏也。婴儿非有知也，待父母而学者也，听父母之教。今子欺之，是教子欺⑦也。母欺子，子而不信其母，非以成教也。"遂烹⑧彘也。

需要知道的意思

① 彘：猪。② 之：到。③ 顾：等到。④ 适：到，去。
⑤ 特：只是。⑥ 戏：开玩笑。⑦ 欺：欺骗。这里指学会欺骗。
⑧ 烹：煮。

最让人钦佩的事：孔子死后，为孔子守墓三年。

译文

曾子的夫人要去集市上赶集,儿子哭着也要跟着去。孩子的母亲(对孩子)说:"你先回家,我回来给你杀猪吃。"曾子的夫人从集市上回来,就看见曾子要捉家中的猪去杀。妻子劝止说:"只不过是跟孩子开玩笑罢了。"曾子说:"小孩子不知道你是在和他开玩笑啊!小孩子没有思考和判断能力,是要向父母学习的,听从父母的教导。现在你欺骗他,这就是教孩子骗人啊!母亲欺骗儿子,儿子就不再相信自己的母亲了,这不是正确教育孩子的方法啊。"于是(他)把猪(杀了然后)煮了。

曾子避席

曾子,春秋末年鲁国南武城人,是孔子的学生。

一次,曾子在孔子身边陪坐,孔子问他:"以前的圣王明君都有至高无上的品德和精深绝妙的理论,他们以此来教化天下人,因此百姓才能安居乐业,君臣才能和睦相处,没有什么明争暗斗的事情,你知道其中的缘由吗?"

曾子听了,立刻从座席上起身走到外面,恭恭敬敬地向老师施礼,并回答道:"我资历尚浅,怎么能知道这其中的奥妙,还请老师能将这些道理教给我。"

　　"避席"是一种非常礼貌的行为,从中可以看出曾子对老师的敬重和渴求知识的诚恳态度。

成长心语

　　曾子是孔子的学生,他非常尊敬自己的老师。孔子活着的时候,曾子对他毕恭毕敬;孔子死后,曾子为他守墓三年。曾子是尊师重道的典范,他对待老师的态度,值得我们学习。

名人访谈

孟子先生,您好!您是一位了不起的哲学家、思想家,请问您从小就喜欢学习吗?

这个……说起来怪难为情的。其实我并不是从小就喜欢学习。

那您小时候喜欢干什么呢?

我喜欢跟伙伴们玩办丧事的游戏。

啊?您怎么喜欢这个呀?

那个时候年龄太小,不知道办丧事是干什么,只是觉得人们都聚在一起挺好玩的,就玩起来了。但我母亲见了非常生气,就带着我搬家了。

如此说来,您母亲对您的影响很大。

是啊!我后来取得的一切成就都离不开母亲对我的教导。

最幸福的事: 有一位好母亲。

> 故事再现

孟母三迁

——选自《列女传》

邹(zōu)孟轲之母也,号孟母。其舍①近墓②。孟子之少也,嬉游为墓间之事③,踊跃筑埋。孟母曰:"此非吾所以居处子④也。"乃去,舍⑤市傍,其嬉戏为贾人炫卖之事。孟母又曰:"此非吾所以居处子也。"复徙舍学宫之傍。其嬉游乃设俎(zǔ)豆⑥,揖(yī)让进退⑦。孟母曰:"真可以居吾子矣。"遂居之。及孟子长,学六艺,卒成大儒之名。

需要知道的意思

① 舍:居所,家。② 墓:墓地。③ 墓间之事:指丧葬、祭扫之类的事情。④ 处子:安顿儿子。⑤ 舍:名词用作动词,指搬家,安家。⑥ 俎豆:古时候祭祀用的器具。这里指祭祀仪式。⑦ 揖让进退:指古代朝堂上宾主相见时的礼仪。

最了不起的事: 提出"民贵君轻"的思想。

译文

邹国人孟轲（孟子）的母亲，世人称之为孟母。他们家靠近墓地。孟子小时候，游戏玩耍的都是丧葬、祭扫之类的事情。孟母说："这里不是我的孩子应该待的地方。"于是带着孟子离开了。他们安家在集市附近，孟子游戏的内容是商人叫卖的事情。孟母看见后又说："这里不是我的孩子应该待的地方。"又搬家到了学宫附近。孟子逐渐学会了宗庙祭祀仪式、朝堂进退礼仪的事情。孟母说："这才是我的孩子真正该待的地方。"于是便安居下来。等到孟子长大成人后，他修习六艺之学，最终成就了一代大儒的美名。

最值得炫耀的事： 曾经周游列国，去过很多个诸侯国。

孟母断杼（zhù）教子

孟母就是孟子的母亲仉（zhǎng）氏，战国时期邹国人。有一次，孟子在背诵诗文，他的母亲在一旁纺织。突然，孟子停了下来。过了一会儿，他又开始吟诵。孟母知道孟子是因分心而遗忘了，就叫住了他问："为什么要中间停顿？"孟子回答说："忘记了，一会儿又记起来了。"于是，孟母拿起剪刀，剪断自己的织物，说："这个织物剪断了，能够再次接上去吗？"从此之后，孟子读书专心，不再分神了。

据史料记载，孟母一生克勤克俭，坚守志节。她在对孟子的教育上倾注了极大的心血，单是为了

最得意的事：成为儒家的代表人物之一。

让孟子有一个良好的成长环境就数次搬家,成为流传后世的一段佳话。孟子始终铭记母亲的教导,终于不负母望。

可以说,孟子之所以有后来的成就,与孟母的教导督促有着重要关系,孟母因此也成了名垂千古的模范母亲。后人将孟子的母亲、欧阳修的母亲、岳飞的母亲和陶渊明的母亲并称为中国"四大贤母",孟母位居"四大贤母"之首。

成长心语

孟母非常重视对孟子的教育,为了让孟子有一个良好的学习环境,不怕折腾,多次搬家,还经常督促他好好学习。孟子的成长经历告诉我们,良好的家庭教育对一个人的成长是非常重要的。

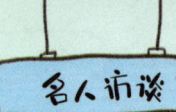

名人访谈

陈胜先生,您好!您率领大家在大泽乡起义反对朝廷,当时有没有害怕过呢?

怕呀!秦二世有多么残暴,我比谁都清楚。

那您是怎样鼓起勇气发动起义的?

唉……都是被逼的。我们前去戍边,耽误了行程,秦二世肯定会杀掉我们。与其等着被杀,还不如为自己拼一把呢!

您的这种勇气真让人肃然起敬。

哼!王侯将相,宁有种乎!努力拼搏,就算失败了也不后悔。

佩服!佩服!

最豪气的名言: 燕雀安知鸿鹄之志哉!

鸿(hóng)鹄(hú)①之志

——选自《史记》

陈胜者,阳城人也,字涉。吴广者,阳夏人也,字叔。陈涉少时,尝与人佣耕②,辍③耕之垄上,怅恨④久之,曰:"苟⑤富贵,无相忘。"庸者笑而应曰:"若⑥为庸耕,何富贵也?"陈涉太息⑦曰:"嗟乎!燕雀安知鸿鹄之志哉!"

最霸气的名言:王侯将相,宁有种乎!

需要知道的意思

① 鸿鹄：鸿，大雁；鹄，天鹅。② 佣耕：被雇佣耕地。
③ 辍：停止。④ 怅恨：惆怅地叹息。⑤ 苟：如果。⑥ 若：你。
⑦ 太息：长叹。

译文

陈胜是阳城人，字涉。吴广是阳夏人，字叔。陈胜年轻的时候，曾经同别人一起被雇佣耕地。（一天，）陈胜停止耕作走到田埂上（休息），因失意而长叹了好久，说："如果有谁富贵了，不要忘记大家啊！"一起耕作的同伴笑着回答说："你是个被雇佣耕地的人，哪来的富贵呢？"陈胜长叹一声说："唉！燕雀怎么能知道鸿鹄的志向呢！"

揭竿而起

秦朝末年，朝廷大肆征发百姓筑长城、建阿房宫、开发南方等，耗费了无数人力财力。秦朝赋税沉重、刑罚严苛，结束战乱后百姓依旧生活在水深火热之中。

最得意的事：发动中国历史上第一次农民起义。

公元前209年,阳城(今河南省登封市)的地方官派了两名军官押送九百名民工到渔阳(今北京市密云区)去防守。他们每天都急着赶路,生怕延误了日期导致被杀头。

这些人走到大泽乡(今安徽省宿州市)时,赶上连日大雨,路被淹没,无法通行。他们只好停下来等待,但时间一天天过去,离规定到达的日期越来越近了。这时,有一个叫陈胜的人,和同伴吴广偷偷商量:"这里离渔阳还很远,怎么走也赶不上规定的期限了。难道我们就这样白白去送死吗?"吴广说:"那咱们逃跑吧。"陈胜说:"不行,逃走被抓回来也是死,反正都是死,不如起来造反。"

吴广预先在一块白布上写了"陈胜王"三个字,然后塞进买来的鱼腹中。第二天,厨师剖鱼时发现了白布,这件事就此传扬了出去,壮丁们议论纷纷,

最骄傲的事:建立张楚政权。

都对陈胜另眼相看。然后，吴广趁着黑夜，在远处丛林中点起篝（gōu）火，学着狐狸的声音叫："大楚兴，陈胜王！"半夜里，壮丁们听到叫声，都说这是上天的指示，于是纷纷拥护陈胜，决心跟着他闯天下。陈胜、吴广见时机成熟，故意激怒两个看押的军官，趁机杀了他们。随后，壮丁们齐声欢呼，推举陈胜、吴广为首领。九百人一下子就占领了大泽乡，邻近的农民听到消息纷纷响应，没有武器，他们就砍木棒做刀枪，削了竹子做旗杆，队伍很快壮大起来。

成长心语

陈胜虽然只是一个普通的农夫，但他胸怀大志。正因为如此，才有了后来轰轰烈烈的农民起义，才能名留青史。陈胜的经历告诉我们，不管自己遭遇怎样的困境，都要心怀梦想。

最得人心的事情：伐无道，诛暴秦。

名人访谈

陈平先生,您用六条妙计,帮助汉高祖刘邦打下了江山,真让人佩服啊!

不敢不敢!这是大家一起努力的结果。

我非常好奇,您那些计策都是怎样想出来的?为什么别人就想不出来呢?

大概是因为我从小就喜欢读书吧!

光读书就够了吗?

仅仅读书可不行,那不过是纸上谈兵,还要学会观察和思考。这里面的学问大着呢!

我知道自己的不足在哪里了,谢谢先生的教导。

多读书,多观察思考,就会有收获。

最得意的事: 离间项羽和范增之间的关系,削弱项羽的势力。

故事再现

陈平宰社

——选自《史记》

陈丞相平者,阳武户牖(yǒu)乡人也。少时家贫,好读书,有田三十亩,独与兄伯居。

里中社①,平为②宰,分肉食甚均。父老曰:"善,陈孺子之为宰!"平曰:"嗟乎,使③平得宰天下,亦如是④肉矣!"

最高兴的事:乔装诱敌,让刘邦从荥阳安全撤退。

需要知道的意思

① 社：祭祀社神。② 为：做，主持。③ 使：假使。④ 是：代词，这个，这样。

译文

宰相陈平是阳武县户牖乡人。（他）年轻时家中贫穷，喜欢读书，有田地三十亩，单身一人和他大哥陈伯住在一起。

乡里祭祀社神，陈平主持宰杀牲口，把肉分得很均匀。父老乡亲们说："陈家的孩子主持宰杀，做得很好啊！"陈平说："唉，假使让我掌管天下，我也会像这样分肉啊！"

智擒韩信

公元前202年，刘邦登皇帝位，史称汉高祖，封韩信为楚王。不久，有人上书告发楚王韩信谋

最厉害的事：联齐灭楚，打败项羽。

反。这时,张良已经借口有病而功成身退了,只有陈平依然是刘邦身边最重要的谋士。刘邦便向陈平请教,问道:"我打算派兵前去讨伐韩信,你看怎么样?"

陈平沉着地反问道:"韩信知道有人上书告发他造反吗?"刘邦回答:"不知道。"

陈平低头沉思了一会儿,又问:"陛下的军队比韩信的军队厉害吗?"刘邦回答:"不见得。"

陈平又问:"陛下手下的战将中,有谁在战场上能敌过韩信?"刘邦回答:"没有人能敌得过他。"

陈平说:"军队实力不如韩信,将领又不是韩信的对手,现在您反而要出兵去打韩信,一旦引起战争的话,胜负很难预料。这样做我真是很为陛下担心啊!"

最广为流传的事:智擒韩信,巩固汉室政权。

接着,陈平说道:"陛下可以装作出游云梦泽,在陈州会见各路诸侯。陈州在楚地西界,韩信得知消息后,必定会来谒(yè)见。当他谒见陛下的时候,您便可以把他抓起来。"

刘邦依计行事,韩信果然中计。后来刘邦把韩信贬为淮阴侯,留居京城,不让他到外地任职,韩信也就不能再有所作为了。陈平的这一计谋,避免了一场战争,消除了再度分裂割据的祸根,维护了汉王朝的统一与安定。

成长心语

陈平年轻时能把分肉的事办得妥妥帖帖,这体现了他出色的办事能力。果然,他投奔刘邦以后,总能在紧要关头,一次又一次地帮助刘邦化解危机,为刘邦建立西汉立下了汗马功劳。陈平的故事告诉我们,在小事上也往往体现着一个人处理大事的才能。

最机智的事:用金银珠宝和美人图画帮助刘邦在白登脱困。

名人访谈

苏武先生,您手上拿的是拐杖吗?

这可不是拐杖,这是节杖,是皇帝派我们出使其他国家的时候,交给我们的信物。

节杖都是光秃秃的吗?

不是,我的节杖上面本来是有牦牛尾的。可是我流放北海后,无论睡觉还是做其他事情都拿着它,渐渐地上面的牦牛尾全都掉光了。

您在北海的时候一直拿着节杖吗?

是啊!你可别小看这节杖,它代表着我的节操,也代表着我对大汉王朝的忠贞与热爱。

我明白了!苏武先生,您宁死不屈的气节真让人钦佩。

最自豪的事: 被列为"麒麟阁十一功臣"之一。

苏武牧羊

——选自《汉书》

律知武终不可胁,白①单于②。单于愈益③欲降④之,乃幽⑤武,置大窖(jiào)中,绝不饮食。天雨雪⑥,武卧啮雪与毡毛并咽之,数日不死。匈奴以为神,乃徙武北海⑦上无人处,使牧羝(dī)⑧。羝乳⑨乃得归。

最惊险的事:为了保住自己的气节,用刀刺伤自己,险些丧命。

需要知道的意思

① 白：告诉。② 单于：匈奴人对其部落联盟首领的专称。③ 愈益：更加，越发。④ 降：降服，使……投降。⑤ 幽：监禁。⑥ 雨雪：下雪。雨，动词，下雨。⑦ 北海：当时在匈奴北境，即今贝加尔湖。⑧ 羝：公羊。⑨ 乳：生育，生子。

译文

卫律知道终究不可胁迫苏武投降，就报告了单于。单于越发想要使他投降，就把苏武囚禁起来，关在大地窖里面，不给他喝的吃的。正好天上下雪，苏武躺在地上吃雪，同毡毛一起吞下充饥，过了好多天都没死。匈奴以为他是神仙，就把苏武流放到北海边没有人的地方，让他放牧公羊，告诉他，等到公羊生了小羊才能回到汉朝。

与苏武比肩的外交家张骞（qiān）

建元二年（公元前139年），张骞受汉武帝之命

最重要的经历： 宁死不屈，被流放到荒无人烟的北海放羊。

出使大月氏（zhī），希望能够联合大月氏共同夹击匈奴。不料，张骞西行途中遭遇匈奴人，被长期拘禁，大约十年之久才得以逃脱。之后，他继续履行使命，西越葱岭，行经大宛（yuān），抵达已经定居在今乌兹别克斯坦阿姆河北岸的大月氏。然而大月氏因新居地富饶平安，无意向东与匈奴进行战争。张骞只得东返，在归途中又被匈奴俘获，扣留一年多。最后，张骞趁匈奴内乱，在元朔三年（公元前126年）终于回到长安。张骞出行时随从百余人，十三年后，只有两人得以生还。

回长安后，张骞将西域各国的情况向汉武帝作了汇报。张骞的西域之行，使中原人对于西域的地理、

最深情的诗句：生当复来归，死当长相思。

物产、风俗习惯有了比较详细的了解,为汉朝开辟通往中亚的交通要道提供了宝贵的资料,同时使汉王朝的声威和汉文化的影响传播到了当时中原人世界观中的西极之地。

成长心语

苏武被扣留在匈奴以后,单于几次三番地想让他归顺自己,但苏武宁死不屈,吃尽了苦头。他凭借着坚忍不拔的品格,留居匈奴19年,用自己的方式表达了对汉朝的忠贞与热爱。

最艰苦的生活:渴饮月窟水,饥餐天上雪。

名人访谈

唉，好烦啊！老师又让抄课文，我最讨厌抄抄写写的作业了。班超先生，您喜欢抄抄写写吗？

我在从军之前，干的就是抄写文书的工作。

那您后来为什么去从军了？啊，我知道了。您和我一样，不喜欢抄抄写写。

这你可说错了。我不讨厌抄抄写写，但当时西域进犯大汉的边境，要是我们男子汉大丈夫都不担起保家卫国的责任，那还能指望谁呢？

原来是这样啊！看来是我误会您了。那您觉得抄抄写写的工作重要吗？

重要啊！那些经典文化，都是靠抄抄写写才能一代代传承下去。

我明白了，抄课文也有它的意义。

有才气的一家人：父亲班彪、长兄班固、妹妹班昭都是著名史学家。

班超素①有大志

——选自《后汉书》

（班超）家贫，常为官佣书②以供养③，久劳苦。尝辍业投笔叹曰："大丈夫无它志略，犹当效傅介子④、张骞立功异域，以取封侯⑤，安能久事笔砚间乎？"左右皆笑之。超曰："小子⑥安知壮士志哉！"

需要知道的意思

① 素：一向，向来。② 佣书：被雇用来做抄写的事情。
③ 供养：谋生糊口。④ 傅介子：西汉人，曾计斩楼兰王。
⑤ 封侯：指建功立业。⑥ 小子：指目光短浅的人。

译文

班超家境贫穷，常为官府抄书挣钱来养家，时间久了，劳苦不堪。他曾经停下手中的活儿，扔了笔感叹道："大丈夫如果没有其他的志向谋略，也应像傅介子、张骞那样，在异地立下大功，得以封拜侯爵，怎能长期在笔、砚之间忙忙碌碌呢？"旁边的人都嘲笑他。班超说："目光短浅的人怎么能了解壮士的志向！"

班超守卫西域

公元前60年，西汉设立西域都护府。可到了西

出色的军事才能：提出"以夷制夷"的政策。

汉末年和王莽时期,国势衰落,匈奴乘机进攻西域。东汉王朝初期,西域大部分国家皆归附北匈奴。公元73年,汉明帝派窦固出击北匈奴,班超也奉命跟随出征。他首先来到鄯(shàn)善,认为"不入虎穴,焉得虎子",决定袭击匈奴使团,当晚率领随从三十六人,夜攻纵火,匈奴使团百余人全部被消灭。第二年春,班超又废掉北匈奴所立的龟兹(qiū cí)人疏勒王,另立新王,汉王朝重新设置西域都护府和戊己校尉。公元75年,汉明帝驾崩。乘此机会,焉耆(yān qí)国杀死了西域都护陈睦,西域都护府名存实亡。

班超从此孤立无援。公元76年,新登基的汉章帝担心班超的安危,下诏让班超回朝。班超不舍西域诸小国,毅然决定留下来继续战斗,从此孤军奋战在辽阔的西域大地上。公元87年,班超征发于阗(tián)等国几万大军,

最赏识班超的人:窦固

斩杀敌将，龟兹等军兵败而返。从此，班超军威大振。公元91年，东汉王朝任命班超为西域都护，重新建立对西域的统治。公元95年，东汉朝廷下诏封班超为定远侯。公元102年，和帝召班超回朝，班超到洛阳不久便病逝。

班超在西域数十年，维护了东汉西域边境的安全，加强了东汉与西域各国的联系，也为民族大融合、民族团结和后期的大一统作出了不可磨灭的贡献。

成长心语

班超是一个读书人，但他并不满足于抄写文书的案头工作，而是想为国家守护边疆、建功立业。他为自己的志愿奋斗终生，也为大汉王朝和西域地区的安定团结奉献了自己的一生。

最让人敬佩的事：在西域生活几十年，为东汉边境的稳定和发展作出了突出的贡献。

名人访谈

蔡顺先生,您好!您是孝敬父母的典范。请问,您有没有嫌照顾父母很麻烦的时候?

子女照顾父母,怎么能嫌麻烦呢?小时候,他们照顾我们,可从来不嫌苦不嫌累。

有道理!我也应该多多反省才是。

孝顺父母是我们中华民族的优良传统,也是做人的基本道德。如果连这个都做不到的话,更别谈其他的事情了。

羊有跪乳之情,鸦有反哺之义。蔡顺先生说得是啊!您挑选黑色桑葚留给母亲食用的故事,现在读来依然让人很感动。

能够让大家略有所得是我的荣幸。

孝道故事:孝感动天。

拾葚异器

——选自《全相二十四孝诗选集》

蔡顺,汝南人。王莽末,天下大荒①。顺拾桑葚②,赤、黑,异器盛之。赤眉贼③见而问之。曰:"黑者④奉母,赤者⑤自食。"贼知⑥其孝,乃遗(wèi)⑦米三斗、牛蹄一只而去。

孝道故事:行佣供母.

需要知道的意思

① 荒：发生饥荒。② 桑葚：桑树的果实。③ 赤眉贼：赤眉军，王莽末年的农民起义军，他们把眉毛染成红色，所以叫赤眉军。赤，红色。④ 黑者：指熟透了的黑色桑葚。⑤ 赤者：指未成熟的红色桑葚。⑥ 知：知道，懂得。⑦ 遗：给予，赠送。

译文

蔡顺是汝南人。王莽末年，天下发生了大饥荒，蔡顺只得拾取桑葚（充饥），黑色的桑葚和红色的桑葚，用不同的篓子来装。赤眉军见到后就问他为什么这样做。蔡顺回答说："熟透了的黑色桑葚供老母食用，未成熟的红色桑葚留给自己吃。"赤眉军懂得了他的孝心，于是送给他三斗白米、一只牛蹄子，然后离开了。

亲尝汤药

蔡顺拾葚异器的行为让人感动，其实汉文帝刘恒的孝道故事也广为流传。汉文帝是汉高祖刘邦的第四个儿子，对他的母后很孝顺，从不怠慢。

孝道故事：扇枕温衾。

有一次，他的母后患了重病，这一病就是三年，卧床不起。这可急坏了汉文帝。他亲自为母后煎药汤，并且日夜守护在母后的床前。看到母后睡了，他才趴在母后床边睡一会儿。汉文帝天天为母后煎药，每次煎完，自己总先尝一尝，看看汤药苦不苦、烫不烫，自己觉得差不多了，才给母后喝。

那些日子里，汉文帝往往通宵达旦，陪伴在母后身边。三年后，母亲的身体终于康复，他却由于操劳过度累倒了。

汉文帝刘恒孝顺母后的事,在朝野广为流传。人们都称赞他是一个仁孝之君。有首诗称赞他说:"仁孝闻天下,巍巍冠百王;母后三载病,汤药必先尝。"

汉文帝在位二十四年,重德治,兴礼仪,注重发展农业,西汉社会稳定,人丁兴旺,经济得到恢复和发展。他与汉景帝的统治时期被誉为"文景之治"。

成长心语

家是最小国,国是千万家。孝敬父母,是中华传统文化的重要组成部分,也是每一个子女的本分。《二十四孝》收录了24个与孝有关的故事。虽然这些故事中有些做法已经不适合现代人了,但孝心孝行永远不过时。

孝道故事:哭竹生笋.

爆笑小古文
人生智慧篇 下

时间岛图书研发中心 编著

图书在版编目（CIP）数据

爆笑小古文：全8册/时间岛图书研发中心编绘. —— 太原：山西人民出版社，2023.5
ISBN 978-7-203-12766-6

Ⅰ.①爆… Ⅱ.①时… Ⅲ.①文言文—小学—教学参考资料 Ⅳ.① G624.203

中国国家版本馆 CIP 数据核字 (2023) 第 069547 号

爆笑小古文：全8册

编　　绘：时间岛图书研发中心
责任编辑：刘　远
复　　审：傅晓红
终　　审：梁晋华
装帧设计：冯　光

出 版 者：山西出版传媒集团·山西人民出版社
地　　址：太原市建设南路21号
邮　　编：030012
发行营销：0351-4922220　4955996　4956039　4922127（传真）
天猫官网：https://sxrmcbs.tmall.com　电话：0351-4922159
E—mail：sxskcb@163.com　发行部
　　　　　sxskcb@126.com　总编室
网　　址：www.sxskcb.com

经 销 者：山西出版传媒集团·山西人民出版社
承 印 厂：三河市同力彩印有限公司

开　　本：787mm×1092mm　1/32
印　　张：16
字　　数：480千字
版　　次：2023年5月　第1版
印　　次：2023年5月　第1次印刷
书　　号：ISBN 978-7-203-12766-6
定　　价：158.00元（全8册）

如有印装质量问题请与本社联系调换

目 录

- 01 王戎
- 07 谢道韫
- 13 王羲之
- 19 符融
- 25 郑谷
- 31 司马光
- 37 富弼
- 43 狄青
- 49 包拯
- 55 小知识
- 58 参考答案

一个在时间岛屿，
手握星辰，执笔成书的乌托邦，
立志将历史故事抽丝剥茧，
带你进入时光隧道。

名人访谈

王戎先生,您好!听说您小时候,有次看到道旁有几棵李子树,树上结满了李子,小伙伴们都抢着摘,您却不摘。这是怎么回事呢?

因为那些李子都是苦的呀。

您是怎样判断出来的呢?

很简单,李子树长在路边,要是结出的李子很甜,早就被人们摘完了。可是你看那树上果实累累,肯定是太苦涩了哟。

有道理啊!您从小就这么聪明,佩服!

我这个人就是喜欢观察和思考,所以大家才觉得我很机灵,哈哈……

最淡定的时刻: 六七岁时,看见猛兽在栅栏里嘶吼,一点儿也不害怕。

> 故事再现

道旁苦李

——选自《世说新语》

王戎七岁，尝①与诸小儿②游，看道旁李树多子折枝③，诸儿竞走④取之，唯戎不动。人问之，答曰："树在道旁而多子，此必苦李。"取之，信然⑤。

最屈辱的事：为了避免被齐王杀害，装病掉进厕所。

需要知道的意思

① 尝：曾经。② 诸小儿：小伙伴们。③ 折枝：树枝被果实压弯。④ 竞走：争着跑过去。⑤ 信然：真是这样。

译文

王戎七岁的时候，曾经与小伙伴们一起玩耍，看到道路边有一棵李子树，树上的果实多得都压弯了树枝。小伙伴们争着跑过去摘取李子，只有王戎站着不动。有人问他（不跑去摘李子）原因，他说："这棵李子树生长在道路边，却有如此多的果实，这一定是苦的李子。"小伙伴摘下来一尝，果真是这样。

竹林七贤

魏晋之际，曹丕篡（cuàn）汉，司马炎篡魏，政治环境险恶。在山阳的嵇（jī）公竹林里，聚集着一群文士，他们谈玄清议，吟咏纵酒，基于对世事的共同感受和对自身生命的忧虑，共进"竹林之游"。

最仰慕的人：蘧伯玉。

他们就是被称为"竹林七贤"的嵇康、阮籍、山涛、向秀、刘伶、阮咸和王戎。

嵇康虽仪容出众,却不修边幅。他崇尚老庄,注重养生,著有《养生论》。后来,他因替朋友仗义执言而被陷害处死,行刑当日嵇康轻抚一曲《广陵散》,叹道:"可惜啊,此曲日后要失传了。"而后,从容赴死。阮籍三岁丧父,家境清苦,但他天赋异禀,八岁就能写文章。少年时期,他酷爱研习儒家的诗书,同时也表现出不慕名利、安贫乐道的高尚品格。山涛是"竹林七贤"中最年长的一位,早年孤贫,喜好老庄学说,四十岁时才入仕途。山涛曾举荐嵇康做官,但是嵇康不仅拒绝了,还要与山涛"绝交"。阮咸是

最让人敬佩之处:孝顺至极。

阮籍的侄子,叔侄二人被时人并称为"大小阮"。他与阮籍一样狂放不羁。阮咸妙解音律,善弹琵琶,是当时著名的音乐家。有一种古代琵琶即以他的名字命名。王戎出身高贵,是"竹林七贤"里年龄最小的一位,自幼聪颖。

"竹林七贤"个个才华出众,成为魏晋时期的一个文化符号。他们是那个动荡时代里的风流名士,也是不折不扣的真性情典范。

成长心语

一棵李子树长在路边,其他小伙伴看见了就上树采摘,只有王戎认真观察并思考判断,这就是他聪慧的原因。无论是在生活中还是在学习上,我们都应该学习王戎勤思的精神。

谢道韫
yùn

东晋咏絮才女

字：令姜

朝代：东晋

籍贯：今河南省

身份：著名女诗人、东晋宰相谢安的侄女

代表作：《泰山吟》

名人访谈

您出身名门,能给我们讲讲您家族里的趣事吗?

我觉得一家人聚在一起谈论诗文就是乐事一桩,我的叔父谢安就经常给我们讲解文章的义理。

真的太羡慕这样的家庭氛围了!有没有让您特别难忘的一次经历呢?

那年外面正下着大雪,叔父就问我们纷纷扬扬的雪花像什么。我一下子就想到了春季里的柳絮,于是脱口而出"未若柳絮因风起"。

这个比喻真是妙极了!把雪花比喻成柳絮,有一种轻灵飘逸的美感,又说明了雪下得大。您一定读了很多书吧?

没错,我是在书香的浸润下长大的。如果你们想写出好文章,也需多读书啊!

最自豪的事: 成为和班昭、蔡琰等齐名的才女。

咏 雪

——选自《世说新语》

谢太傅①寒雪日内集②,与儿女讲论文义③。俄而④雪骤,公欣然曰:"白雪纷纷何所似⑤?"兄子胡儿⑥曰:"撒盐空中差可拟。"兄女曰:"未若⑦柳絮因风起。"公大笑乐。即公大兄无奕女,左将军王凝之妻也。

最傲人之处:不仅擅长诗文,还具有很高的思辨能力。

需要知道的意思

① 谢太傅：谢安。② 内集：家里人的集会。③ 文义：文章的义理。④ 俄而：不久，一会儿。⑤ 何所似：像什么。⑥ 胡儿：谢安次兄谢据的长子，谢朗。⑦ 未若：不如，不及。

译文

谢安在寒冷的雪天把家人聚集在一起，给小辈们讲解文章的义理。不久，雪下得大了，谢太傅高兴地问："纷纷扬扬的白雪像什么呢？"谢安哥哥的长子谢朗说："在空中撒盐的场景大体可以相比。"另一个哥哥的女儿说："不如比作柳絮乘风而起。"谢太傅大笑起来。她就是谢安长兄谢奕的女儿谢道韫，左将军王凝之的妻子。

林下风气

谢道韫出生在人才济济的谢氏家族。谢家风范，在她身上展露无遗。后来，她嫁给了王羲之的次子王凝之，两人可谓门当户对。

最凄苦无奈的诗句：时哉不我与，大运所飘摇。

谢道韫生活的魏晋时代,清谈成为一种风气。有的人甚至通过谈玄,多次升迁到重要官职。谢道韫对玄理也有很深的造诣。据说,她曾旁征博引,替王凝之的弟弟王献之解过围,她论辩有力,最后让客人理屈词穷。在当时,能够与谢道韫相提并论的女子只有同郡的张彤云,张彤云是张玄的妹妹,论家世自然不及谢家,论才情两人却相差无几。后来,张彤云嫁到了顾家。

有一个叫济尼的人,常常出入王、顾两家。有人问济尼,谢道韫与张彤云相比如何?济尼说道:"王

最能表明心志的诗句:逝将宅斯宇,可以尽天年。

夫人神情散朗，故有林下风气；顾家妇清心玉映，自有闺房之秀。"二人各有所长，大家都认为这评价还算公允。

"林下风气"道出了谢道韫的个性气质。济尼实际上是称赞谢道韫神情闲雅。因此，成语"林下风气"常用来形容女子娴雅飘逸、从容大方的风度。

成长心语

谢道韫是德才兼备的奇女子，凭借着自己的品格、才情、诗文，受到世人的称赞。她的魅力不仅仅来源于背后显赫的家族，更依托于她个人的学识和修养。

最有气势的诗句：峨峨东岳高，秀极冲青天。

王羲之
自成一家的书圣

身份：东晋书法家、右将军

字：逸少

朝代：东晋

生卒年：303—361 年

代表作：《兰亭集序》《黄庭经》《乐毅论》等

名人访谈

王羲之先生,您是举世闻名的大书法家。请问怎样才能把书法写出自己的风格?

这个可不容易。以我的经验,要想把书法写出自己的风格,首先得向别人学习。

老师一直让我们临摹名家的书法。

对,临摹是入门的基础,可以帮助初学者掌握字的基本写法。但这只是第一步。

接下来应该怎么做呢?

接下来就是日复一日的练习,而且要一边练一边思考。同时要多观察并总结不同风格的字帖。这样坚持下去,慢慢就会形成自己的风格。

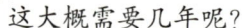

这大概需要几年呢?

哈哈……可能是十年八年,也可能是一辈子的哟。

最让人佩服的事: 在书法上的造诣非常高,被人们称为"书圣"。

故事再现

王羲之诈眠自保

——选自《世说新语》

王右军①年减②十岁时,大将军③甚爱之,恒置帐中眠。大将军尝先出,右军犹未起。须臾④,钱凤入,屏人论事,都忘右军在帐中,便言逆节之谋。右军觉,既闻所论,知无活理,乃剔吐⑤污头面被褥,诈熟眠。敦论事造半,方忆右军未起,相与大惊曰:"不得不除之。"及开帐,乃见吐唾从⑥横,信其实孰⑦眠,于是得全。于时称其有智。

需要知道的意思

① 王右军:王羲之。 ② 减:不足。 ③ 大将军:王敦,王羲之的堂伯父。 ④ 须臾:片刻、一会儿。 ⑤ 剔吐:呕吐。 ⑥ 从:同"纵"。 ⑦ 孰:"熟"的古字。

最特别的爱好:喜欢鹅.

译文

　　王羲之还不到十岁时，王敦很喜欢他，常常让他在自己的帐中睡觉。有一次，王敦先从帐中出来，王羲之还没有起来。过了一会儿，钱凤进来了，两人屏退其他人讨论事情，都忘了王羲之还在帐中，就商议起叛乱的计谋。王羲之醒来，听到他们谈论的事情后，知道他们没有让自己活下去的道理，于是用口水弄脏了自己的头、脸和被褥，装作仍在熟睡中。王敦事情商量到一半，才想到王羲之还没有起床，和钱凤两人一起大惊失色地说:"不得不杀掉他。"等到他们打开帐子,发现王羲之的口水流得到处都是,就相信他确实还在熟睡,于是王羲之的性命得以保全。当时的人们都称赞王羲之有智谋。

羲之爱鹅

王羲之是琅琊临沂(今山东省临沂市)人。他的代表作品《兰亭集序》被称为"天下第一行书"。这位大书法家有一个特殊的爱好——养鹅。他认为养鹅不仅能陶冶情操,还能从观察鹅的动作形态中悟到一些书法理论。

有一次,王羲之外出游玩,听说有一道士养着一群品种极好的白鹅,于是想出高价购买。道士便向王羲之说:"只要你肯帮我抄一部《黄庭经》,我便将白鹅送给你。"

王羲之一听，二话不说便开始奋笔疾书，然后高高兴兴地抱着大白鹅回去了。

后来，王羲之又特地为这几只鹅凿了一个养鹅池，他常常在这个养鹅池旁观察鹅的优雅动作，也常常写"鹅"这个字，希望能把鹅的形象和特点"写"出来。

"羲之爱鹅"后来被当作文人雅趣生活的体现，这个故事常常出现在瓷器和绘画中，用来表现文人高士的风雅清逸和超然脱俗的品性。

成长心语

王羲之是中国历史上杰出的书法家。他养鹅，不仅是为了观赏和陶冶情操，更是为了观察鹅的形态和动作，从中领悟出运笔的原理。他的钻研和创新精神，着实让人佩服。

最满意的事：儿子王献之也成了大书法家。

fú
苻融

明察善断的前秦大臣

字：博休

籍贯：今甘肃省

民族：氐族

主要作品：《浮图赋》

身份：大臣、文学家、政治家

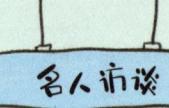

名人访谈

苻融先生,请问您一生中最有成就感的事情是什么呢?

我在冀州任职的时候,小偷们知道我很会断案,都不敢出来干坏事。百姓们因此得以安居乐业,晚上睡觉都不用锁门。

那您断案有什么技巧吗?

也谈不上技巧,我只是喜欢观察、思考和推断罢了。

这也很了不起呢,不是人人都具备这些能力的。

其实,如果大家遇事都能多些观察和思考,就会知道断案也不是什么难事。

最无奈的事: 力劝皇兄苻坚不要讨伐东晋,苻坚不听,结果大败。

> 故事再现

苻融验走

——选自《晋书》

前秦①苻融,为冀州牧②。有老姥(mǔ)③于路遇劫,喝贼,路人为逐擒之。贼反诬路人,时已昏黑,莫知其孰④是,乃俱送之。融见而笑曰:"此易知耳,可二人并走⑤,先出凤阳门者非贼。"既而⑥还入,融正色⑦谓后出者曰:"汝⑧真贼也,何诬人乎!"贼遂服罪。盖以贼若善走,必不被擒,故知不善走者贼也。

需要知道的意思

① 前秦:晋朝末年氐族人在北部建立的国家。
② 冀州牧:冀州的行政长官。冀州,古州名,在今河北一带。
③ 姥:年老的妇人。 ④ 孰:谁,哪一个。 ⑤ 走:跑。
⑥ 既而:不久。⑦ 正色:神情严肃。⑧ 汝:你。

最让人羡慕的事:又高又帅,还很有才。

译文

前秦的苻融担任冀州行政长官。有位老妇人在路上遇到了劫匪,她大声喊捉贼,有个过路的人替她追赶劫匪,并把贼人捉住了。贼人却反咬一口,诬赖这个过路的人是盗贼,当时天色已黑,没有人知道他们哪一个人才是盗贼,于是便将他们一起送到了衙门。苻融了解案情后,笑着说:"这件事很容易弄清楚,可以让两人一起赛跑,先跑出凤阳门的人就不是贼。"一会儿,他们跑完返回衙门,苻融神情严肃地对那个后跑出凤阳门的人说:"你才是真正的贼,为什么诬赖别人呢!"贼人于是认罪了。原来这是因为假如贼跑得快,必定不会被过路的人捉住,所以知道跑得不快的人是贼。

远见卓识的苻融

前秦皇帝苻坚想要一举扫平在南方偏安的东晋,统一南北。对于苻坚的南下,苻融一直是持反对态度的,他觉得虽然前秦统一了北方,但内部隐患重重,如果穷兵黩(dú)武,必将自取灭亡。

苻融是苻坚的弟弟,容貌英俊,文武双全。据说他耳听一遍就能背诵文章,提笔即能成文。他写的《浮图赋》文辞壮丽,很受世人喜爱,可惜现在已经失传了。不满二十岁的他以宰辅重臣的身份入朝辅政,是深受朝野瞩目的宗室新星。在任期间,苻融大力整顿刑法政令,积极启用贤才,把内外政务处理得井井有条。

最令百姓高兴的事:擅长断案,所治理的地方盗贼都不敢作案了。

不过，苻坚最终还是没有听取苻融的意见，坚持南下。

苻坚在将军慕容垂等人的劝说下，坚持认为不过睡一宿觉的时间就可以平定东晋。苻融引用老子之言"知足不辱，知止不殆"，力劝苻坚不要兴兵伐晋。苻坚不听，还批评苻融不知变通。后来，前秦在淮南大败，慕容垂等人反叛。

公元383年，前秦与东晋两军隔河对峙。最后，前秦军队受到前后夹击而溃散大败。苻融马倒被杀，前秦军大败。苻融死后，被追赠为大司马，谥号为"哀"。

成长心语

苻融通过非常简单的办法，就准确地做出了判断。这可不是他运气好，而是他平日里善于观察和思考，慢慢积累经验的结果。可见，越是简单的事，往往越能看出一个人的能力。

最明智的举措：在冀州开建学宫。

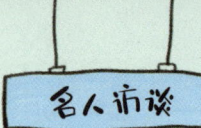

名人访谈

郑谷先生,您"一字师"的盛名在士大夫中广为传扬,听说这和诗僧齐己有关?

那天,他带着诗作过来与我探讨。我看其中一首《早梅》写道:"前村深雪里,昨夜数枝开。"你知道我帮他改的是哪个字吗?

我才疏学浅,还请先生赐教!

哈哈,我建议他将"数枝"改为"一枝"。

用"一"替换"数",果真妙啊!这样就更能体现出诗题中的"早"字了。

看来你很有悟性,不错,后生可畏啊!

最优美灵动的诗句: 缘舟水溅差差绿,倚槛风摆柄柄香。

> 故事再现

一字之师

——选自《五代史补》

时郑谷在袁州,齐己因携所为诗往谒[①]焉[②]。有《早梅》诗曰:"前村深雪里,昨夜数枝开。"谷笑曰:"'数枝'非早也,不若'一枝'则佳。"齐己矍(jué)然[③],不觉兼[④]三衣[⑤]叩地[⑥]膜拜[⑦]。自是[⑧]士林[⑨]以谷为齐己"一字之师"。

最悲凉的诗句:相呼相应湘江阔,苦竹丛深日向西。

需要知道的意思

① 谒：拜见（地位或辈分高的人）。② 焉：语气词。③ 瞿然：吃惊注视的样子，这里的意思是敬佩。④ 兼：提起，撩起。⑤ 三衣：佛教僧尼的大衣、上衣、内衣三种法衣合称"三衣"，泛指僧衣。⑥ 叩地：头触地。⑦ 膜拜：举手加额，长跪而拜，表示非常恭敬的行礼方式。⑧ 自是：从此。⑨ 士林：指众多读书人，学术界，知识界。

译文

当时郑谷住在袁州，齐己于是带着自己的诗作前去拜见。（诗作中）有一首《早梅》写道："前村深雪里，昨夜数枝开。"郑谷笑着说："'数枝'不能表现出早意来，不如用'一枝'好。"齐己惊讶不已，不由提衣整装，头触地而拜。从此，读书人都把郑谷看作齐己的"一字之师"。

晚唐诗坛巨擘（bò）

郑谷是江西宜春人，据说7岁时就会写诗。父亲

最有生活情趣的诗句：一尺鲈鱼新钓得，儿孙吹火荻花中。

郑史也是一位诗人,郑谷从小就被培养写诗,父亲对他的教育为其以后的文学创作打下了良好的基础。

郑谷年轻时来到长安参加科举考试,但那时的唐朝官场腐败,民不聊生,科举也不再秉持公平公正的原则。郑谷考了十多年都没有考上,一身报国之才更是无处施展。

四十岁那年,郑谷终于中了进士,步入仕途。此时,唐朝动乱不断,唐僖宗几次被农民军或者叛军赶出京城。郑谷也跟着皇帝流浪四方。他在流亡期间,写了很多诗,被当时的人们广为传颂。五十二岁左右,

忆子啼猿绕树哀
雨随孤棹过阳台
波头未白人头白
瞥见春风溅溅堆

最高风亮节的诗句:露湿秋香满池岸,由来不羡瓦松高。

他辞官归隐,写诗吟唱。不久,朱温篡唐,唐朝灭亡,郑谷在心灰意冷中写下了著名的《下峡》:

忆子啼猿绕树哀,雨随孤棹过阳台。
波头未白人头白,瞥见春风滟滪堆。

郑谷一生作诗不下千首,诗风朴实、闲逸,多以咏物和表现士大夫的清高闲适为主。郑谷的一生,伴随着李唐王朝的余晖,徐徐落幕。一个璀璨恢宏的诗歌时代就此结束,而他是最后一颗耀眼的星星。

成长心语

郑谷只帮齐己改动了一个字,可这一字便让齐己惊叹不已。由此可见郑谷才华横溢,妙笔生花。我们既要学习齐己的谦虚好学,也要努力用知识武装自己,像郑谷一样做一个有才学的人。

名人访谈

司马光先生,听说您有一个用圆木头做成的枕头。用这种枕头睡觉应该不太舒服吧?

非常不舒服,稍微一动,圆木头就滚走了,我也惊醒了。

那您根本没办法好好睡觉啊!为什么不换一个舒服些的枕头呢?

我是特意使用圆木枕头的,这样才不会浪费宝贵的学习时间。

您的意思是说,您故意让自己醒来,继续读书?

没错。时光多么宝贵啊,我可不能白白浪费。

您真是刻苦学习的好榜样,我要向您学习。

最勇敢的事:手持利剑扎向巨蟒的尾巴,把巨蟒赶跑。

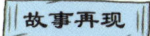

破缸救友

——选自《宋史》

光生七岁,凛然①如成人,闻讲左氏春秋,爱之,退②为家人讲,即了其大指③。自是手不释书,至不知饥渴寒暑。群儿戏于庭④,一儿登瓮,足跌⑤没水中,众皆弃⑥去,光持石击瓮破之,水迸,儿得活。

需要知道的意思

① 凛然：严肃、正直的样子。② 退：返回，这里指回家。③ 大指：旨意、大意。指，同"旨"。④ 庭：庭院。⑤ 跌：失足。⑥ 弃：放弃。

译文

司马光七岁的时候，严肃的样子就像一个大人，他听到有人讲左氏春秋，非常喜爱，回到家后讲给家人听，竟能说出其中的大意。自此喜爱读书，竟达到了忘记饥渴冷暖的程度。他与一群小伙伴在庭院中玩耍，一个小孩儿爬上了瓮边沿，脚下打滑竟跌入瓮中，被水淹没，其他小孩儿都放弃营救逃跑了，司马光搬起石头砸破了瓮，瓮中的水迸流而出，那个小孩儿最终得救了。

勤学惜时

司马光小时候在私塾里上学，总认为自己不够聪明，比别人的记忆力差。为了训练记忆力，他常常要

最感激的人：父亲.

花更多的时间去记忆和背诵。每当老师讲完书上的内容后,其他同学读了一会儿便纷纷跑出去玩了,司马光则一个人留在学堂里,继续认真地朗读和背诵,直到合上书本后,能一字不差地背下来,才肯罢休。

司马光还利用一切空闲时间,比如骑马赶路的时候,或者夜里不能入睡的时候,一边默诵,一边思考。久而久之,他的记忆力越来越好,少时所学的东西,竟到了终生不忘的地步。

司马光一生都在坚持不懈地埋头学习、写作。他住的地方,摆设非常简单:一张板床、一条粗布被子、

最伟大的成就:编撰中国第一部编年体通史《资治通鉴》。

一个圆木做的枕头,除此之外就是书本了。他常常读书到很晚,读累了,就小睡一会儿,当他睡觉翻身的时候,圆木枕头就会滚到一边,这时他便因头碰到床板上而醒来。于是,司马光就马上披衣下床,点上蜡烛,接着读书。这就是司马光要用圆木做枕头的原因。后来他把那个圆木枕头看作是有思想的东西,给它起名"警枕"。

正是凭着这种永不自满、永不懈怠的精神,司马光历时整整十九年,终于编成了《资治通鉴》这本历史巨著。

成长心语

司马光为了读书,想出了许多办法。他一生刻苦攻读,把所有的心思都用在了读书上。他对知识孜孜不倦的追求让人敬佩。

最值得学习的地方:读书勤奋刻苦。

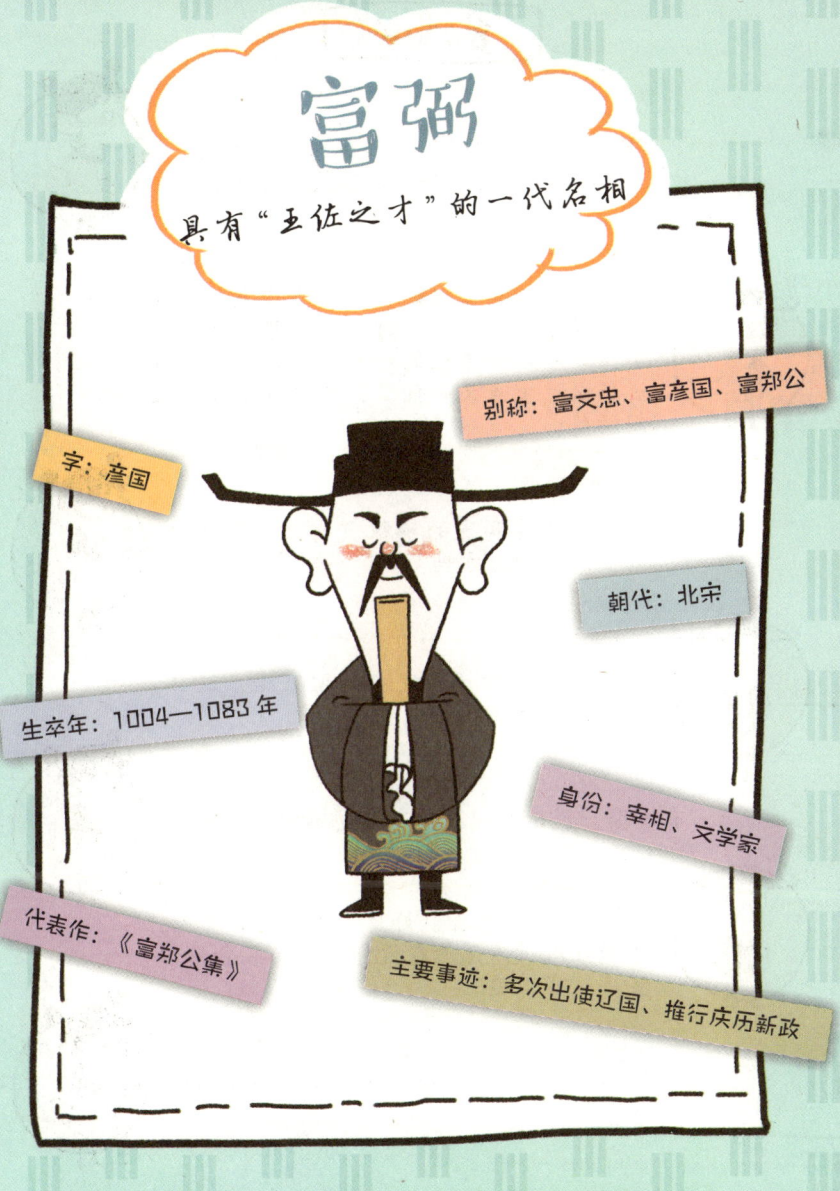

名人访谈

富弼先生，您好！请问怎么才能成为一位谈判高手呢？您能给我们传授几招吗？

谈判确实需要讲究技巧。首先，态度要不卑不亢，不能被对方的气势压倒。其次，要组织好自己的语言，先说什么，后说什么，重点又是什么，这些都要在心里想清楚。

嗯，这两点的确很重要，还有其他需要注意的地方吗？

说出来的话一定要有理有据，这样才能使人信服。

有道理。说话的速度是不是也不能太快呢？

没错，只有控制好自己的语速和声调，才能让人听清楚你在说什么，而且会让你显得从容不迫。

您说的这些太实用了，谢谢您！

最让人称赞的事： 发生水灾时，制定的救灾策略救活了30多万人。

诟如不闻

——选自《步里客谈》

富文忠公少,日有诟①之者,如不闻。或问之,曰:"恐②骂他人。"曰:"斥③公名曰富某。"曰:"天下安④知无同姓名者?"

需要知道的意思

① 诟：骂，辱骂。② 恐：恐怕，大概，表示推测。③ 斥：责备，斥责。④ 安：疑问词，怎么，哪里。

译文

富弼年少的时候，有一天听到有人骂他，他就像没有听见一样。有人问他，他说："恐怕是骂别人。"那人又说："那人指名道姓地斥责你。"富弼回答说："怎么就知道天下没有同名同姓的人呢？"

谈判高手

庆历二年（1042年）春天，辽国大军压境，要求大宋割地赔款才肯息兵。大宋朝廷便赶忙商议派大臣出使求和。这时，有人推荐富弼，于是富弼临危受命出使辽国。

见到辽王，富弼问："为何要出兵攻宋？"辽王回答："是你们违约在先，堵塞了关隘，所以我们只

最让人敬佩的事：勇敢地担负起和辽国谈判的重任。

能进攻。如果你们割地求和,我们可以撤兵。"富弼正色道:"我大宋封疆万里,精兵百万,上下一心,若你们要用兵,能保证必胜吗?即使你们侥幸获胜,也要损伤过半,那些好战的大臣能够弥补这些损失吗?如果两国继续互通友好,大宋每年赠你们钱帛,还不都是由辽王您一人任意支配吗?"富弼接着说:"至于我国堵塞关隘,本是为了防范叛军,并不是为了进攻他人。若是为了进攻,就不堵塞关隘了,而是直接打通它。"辽王觉得富弼说的都是实话。第二天,他邀请富弼一同打猎。其间,他提出一个条件:"如

最得意的事:因为才华出众,成了著名文学家晏殊的女婿。

果能割地给辽国，则两国可长久修好。我们都以每年领受你们的钱帛为耻。"富弼马上答道："你们以得地为荣，我们必以失地为耻！想让我们割地求和，万万不能！"

面对这个既善辩又强硬的来使，辽王感到无奈，最终不再要求割地。就这样，富弼不避生死，不辱使命，只说了一番话，就打消了辽国进犯的图谋，使两国化干戈为玉帛，此后的几十年间，两国一直和平相处。

成长心语

有人辱骂富弼时，他一点儿也不在意。通过这点就可以看出，富弼是一个心胸宽广、有修养的人。做人理应像他一样宽宏大量，若事事计较，只会让自己身心俱疲，难以成事。

最让人感动的事：临终之际还不忘劝谏皇帝。

名人访谈

狄青将军,战场上您勇猛杀敌,令敌人闻风丧胆,有没有觉得自己很了不起?

我一直记得自己出身寒门,保卫大宋是我的职责和本分,这没有什么了不起的。

您这种不慕功名的精神着实让人敬佩。那您觉得武将需要学习文化知识吗?

当然需要了!战场上拼的并不是蛮力。起初我也只有匹夫之勇,后来有人劝告我去学习古今历史。

这给您带来了很大的改变或是帮助吗?

是的,之后我作战变得更加厉害了。

智勇双全,您不愧为北宋一代名将!

最擅长的事:骑马射箭。

> 故事再现

狄青智取昆仑

——选自《梦溪笔谈》

狄青为枢密副使，宣抚①广西。时侬智高守昆仑关。青至宾州，值上元节，令大张灯烛，首夜燕②将佐，次夜燕从军官，三夜飨（xiǎng）军校。首夜乐饮彻晓。次夜二鼓③时，青忽称疾，暂起如内。久之，使人谕④孙元规，令暂主席行酒，少服药乃出，数⑤使人劝劳座客。至晓，各未敢退，忽有驰报者云："是夜三鼓，青已夺昆仑矣。"

最勇敢的事：将士官怕西夏军而退缩的时候，自己勇敢地冲到了最前面。

需要知道的意思

① 宣抚：朝廷派遣大臣赴某一地区传达皇帝命令并安抚军民、处置事宜。② 燕：同"宴"，宴请。③ 二鼓：二更，指晚上9点到11点。④ 谕：告诉。⑤ 数：多次。

译文

狄青担任枢密副使，宣抚广南西路。当时侬智高据守昆仑关。狄青到达宾州时，正好是上元节，他下令大张灯火，第一夜宴请高级军官，第二夜宴请随从军官，第三夜犒劳军中的副官。第一夜奏乐饮宴通宵达旦。第二夜二更时分，狄青忽然说自己生病了，即刻起来进入帐中。过了很久，狄青派人告诉孙元规，要他暂且主持宴席敬酒，自己服点儿药一会儿就出来，狄青还多次派人向座上宾客劝酒。直到天快亮的时候，将校们都不敢擅自退席，忽然有人快马前来报告说："昨天晚上三更时分，狄青已经夺取昆仑关了。"

最让敌人害怕的形象：披头散发，戴着铜面具。

不攀名臣

狄青面有刺字,擅长骑射,人称"面涅将军"。公元1038年,李元昊叛乱,建立西夏。狄青抓住机会,争当先锋,勇猛杀敌,西夏军队闻风丧胆,无人敢敌。狄青因此受到了极大的重视。公元1040年,尹洙将他引荐给了韩琦和范仲淹。范仲淹见他是个奇才,便对他谆谆教导,告诫他"将帅不知古今历史,就只有匹夫之勇"。狄青认真聆听范仲淹的教导,学习秦汉以来的将帅兵法,从此作战变得更加厉害。

狄青出身贫苦农家,祖上并没有贵官显宦。即使

最幸运的事:受到范仲淹的赏识和厚礼相待而开始刻苦读书,研究兵法。

成为名将以后,他也从未隐瞒过自己贫寒的家世。狄青晚年担任枢密使时,曾有人向狄青进献狄仁杰的画像和任职诰(gào)书,建议他追认狄仁杰为远祖。

狄仁杰是唐代名相,曾带领大军追击突厥士兵,无论在政绩上,还是在战功上,他都声名赫赫。狄仁杰是山西太原人,狄青是山西汾阳人,两人确实算得上同乡,而这也足以为狄青的英明和勇武生辉增色。但狄青却断然谢绝:"我出身农家,自小当兵,不过是一时机遇好而官至枢密,哪里敢攀附狄仁杰大人呢?"说着,便奉还了原物,馈赠了礼物,将那人打发走了。

成长心语

狄青出身贫寒,但是他凭借着自己的努力,一步步出人头地,最终成为让人敬仰的大将军。他的经历印证了"英雄不问出处"这句话,也激励着我们不断前进和奋斗。

最自豪的事: 多次在战场上立功,得到皇帝的赏识和重用。

包拯

铁面无私包青天

别称：包青天、包龙图、包待制、阎罗包老等

朝代：北宋

字：希仁

籍贯：今安徽省

生卒年：999—1062年

身份：北宋名臣

名人访谈

包拯先生,您知道自己有多少个别称吗?

哈哈,我知道有不少,但没具体数过,比如包龙图、包公、包待制,等等。

您最喜欢哪个称呼呢?

还是最喜欢百姓们叫我包青天吧。

为什么呢?

我的原则是执法如山,不放过一个坏人,也不冤枉一个好人。百姓们给予我这样的称呼,这说明我的工作在一定程度上得到了百姓们的认可。

当然啦,您可是我们心中杰出的清官代表呢!

最没有想到的事: 因为断案如神,被后人奉为神明。

> 故事再现

巧答典客

——选自《宋史》

包拯字希仁，庐州合肥人也……去使契丹，契丹令典客谓①拯曰："雄州新开便门，乃欲②诱我叛人，以刺疆事耶？"拯曰："涿州亦③尝开门矣，刺疆事何必开便门哉？"其人遂④无以对⑤。

最让人感动的事：辞去官职，回家赡养父母。

需要知道的意思

① 谓：对……说。 ② 欲：想要。 ③ 亦：也。 ④ 遂：就。 ⑤ 对：回答。

译文

包拯字希仁，是庐州人。（包拯）出使契丹，契丹命令典客对包拯说："（你们国家的）雄州城最近开了便门，是想引诱我国的叛徒，以便刺探边疆的情报吧？"包拯说："（你们国家的）涿州城曾经也开过便门，刺探边疆情报为什么一定要开便门呢？"那个人便无言以对了。

掷砚成洲

在广东省肇庆市鼎湖区有一个小岛名叫砚洲岛，这座岛屿伫立在西江中，四面环水，地势优越，风景秀丽，像一块浮在江中的端砚。据说砚洲岛名称的由来和宋朝一代名臣包拯有关。

最让人钦佩的事：不畏权贵，连王公大臣、皇亲国戚都敢弹劾。

端砚是古代端州的特产。当时端砚是贡品，层层官员每年都假借向朝廷进贡之名，掠夺很多精品端砚并据为己有，这可苦了端州的百姓。在包拯任端州知州前，许多官吏对端砚都额外加征，或中饱私囊，或贿赂权贵，这严重加重了当地老百姓的负担。

北宋康定元年（1040年），包拯从天长县到广东端州赴任知州。他了解到这个情况后，开始严厉打击各级官吏额外加征的行为，严格按照进贡的数量向民间征收端砚。直到他离开端州，也没有带走一块端砚。

关于这件事，在当地流传着这样一个故事，说包拯离开端州的时候，船行驶到河中间，突然波浪滔天，船搁浅了。包拯立即吩咐手下人去检查，最后在船舱

最让人称赞的事：执法严明公正，不包庇亲朋故旧。

的底部发现了一块用黄布包裹的端砚，原来是手下人背着他收下来的。包拯立即取过这块砚台扔到江中，江面顿时风平浪静，船得以继续前行。后来，在包拯掷砚处隆起了一座小岛，这就是砚洲岛。

包拯主政端州三年，深受当地民众爱戴。他品德高尚，为官清廉，为民谋福，政绩卓著；他的多项举措，促进了当地经济文化的发展，使人民安居乐业，生活水平有了显著的提高，使得端州发展成为西江中下游的政治、经济和文化中心。

成长心语

包拯执法严明、清正廉明。他为国家奉献一生的事迹从未被人忘记。不管什么时候，包拯刚正清廉的精神都不过时，值得后人一代代传承下去。

最自豪的事：成为清廉的象征。

一、请补充下列句子中空缺的信息。

1. 上古时期,为了解决黄河流域的水患问题,尧帝命令_____去治理洪水。舜时期,_____采用疏导的办法,终于战胜了水患。

2. 慧眼识别道旁苦李的人是_____,他是"竹林七贤"之一。

3. 司马光听到有人讲_____,非常喜爱,回到家后讲给家人听,竟能说出其中的大意。

4. "楷书鼻祖"钟繇是_____和_____的父亲。

5. _____凭借聪明机敏,不仅改变了父亲被戏弄的尴尬局面,还赢得了一头驴。

6. "望梅止渴"这个成语,讲的是_____的故事,他是东汉著名的政治家、军事家、文学家。

7. 田忌与齐国公子赛马时,孙膑让田忌的_____等马、_____等马、_____等马分别对齐国公子的上等马、下等马和中等马。

8. 王羲之被称为"书圣",他有一个特别的爱好,即_____。

9. 郑谷建议齐己将"昨夜_____枝开"改为"昨夜_____枝开"。

10. 对世俗名利视若浮云,追求精神的逍遥自在的一位战国时期的道家人物是_____。

二、请解释下列句子中加点词的意思。

1. 取之,信然。_____
2. 未若柳絮因风起。_____
3. 信其实孰眠。_____
4. 莫知其孰是。_____
5. 自是士林以谷为齐己"一字之师"。_____
6. 凛然如成人。_____
7. 众皆弃去。_____
8. 斥公名曰富某。_____
9. 数使人劝劳座客。_____
10. 其人遂无以对。_____

三、用现代汉语说一说下列几句古文表达的意思。

1. 智意所及,有若成人之智。

_____

2. 君弟重射,臣能令君胜。

_____

3. 光持石击瓮破之。

_____

4. 自是士林以谷为齐己"一字之师"。

_____

5. 战战惶惶,汗出如浆。

_____

6. 日中不至，则是无信；对子骂父，则是无礼。

7. 未若柳絮因风起。

8. 何不言日食之余如月之初？

9. 有老姥于路遇劫。

10. 子非鱼，安知鱼之乐？

四、读名人小故事，收获成长大道理。

1. 读《破缸救友》，说一说你从司马光的身上学到了哪些品质或精神。

2. 《晏子使楚》这个故事中，面对楚王的戏弄，晏子是怎样回击的呢？请用原文回答。

3. 读《称象》，说一说曹冲给你留下了怎样的印象。

4. 读《王羲之诈眠自保》这个故事，说一说你从中学到了什么。

一、请补充下列句子中空缺的信息。

1. 鲧　大禹
2. 王戎
3.《左氏春秋》
4. 钟毓　钟会
5. 诸葛恪
6. 曹操
7. 下　中　上
8. 养鹅
9. 数　一
10. 庄子

二、请解释下列句子中加点词的意思。

1. 真是这样，果然如此。
2. 不如，不及。
3. 的确
4. 谁，哪一个。
5. 指众多读书人
6. 严肃、正直的样子。
7. 放弃
8. 责备，斥责。
9. 多次

10. 就

三、用现代汉语说一说下列几句古文表达的意思。

1.（曹冲的）知识和判断能力可以比得上成年人。

2.您只管下大赌注，我能让您取胜。

3.司马光搬起石头砸破了瓮。

4.从此，读书人都把郑谷看作齐己的"一字之师"。

5.由于恐惧慌张，害怕得发抖，所以汗水像水浆一样流出。

6.正午您还没到，就是不讲信用；对着孩子骂他的父亲，就是没有礼貌。

7.不如（将其比作）柳絮乘风而起。

8.为什么不说日食剩下的部分像刚出来的月亮？

9.有位老妇人在路上遇到了劫匪。

10.你不是鱼，怎么知道鱼的快乐呢？

四、读名人小故事，收获成长大道理。

1.我学到了司马光临危不惧、乐于助人的精神，以及遇事沉着冷静、肯动脑筋的品质。

2.晏子不入，曰："使狗国者，从狗门入；今臣使楚，不当从此门入。"

3.曹冲从小就聪明而且善于观察，遇到难题肯积极思考，因此深得父亲曹操的喜爱。

4. 当我们遇到危机时，不要惊慌，先努力使自己冷静下来，沉着应对。平复情绪后，再随机应变，设法进行自救。

爆笑小古文

人生智慧篇 上

时间岛图书研发中心 编著

图书在版编目（CIP）数据

爆笑小古文：全8册／时间岛图书研发中心编绘． — 太原：山西人民出版社，2023.5
ISBN 978-7-203-12766-6

Ⅰ．①爆… Ⅱ．①时… Ⅲ．①文言文—小学—教学参考资料 Ⅳ．① G624.203

中国国家版本馆 CIP 数据核字 (2023) 第 069547 号

爆笑小古文：全8册

编　　绘：	时间岛图书研发中心
责任编辑：	刘　远
复　　审：	傅晓红
终　　审：	梁晋华
装帧设计：	冯　光

出 版 者：	山西出版传媒集团·山西人民出版社
地　　址：	太原市建设南路21号
邮　　编：	030012
发行营销：	0351 - 4922220　4955996　4956039　4922127（传真）
天猫官网：	https://sxrmcbs.tmall.com　电话：0351 - 4922159
E — mail：	sxskcb@163.com 发行部
	sxskcb@126.com 总编室
网　　址：	www.sxskcb.com

经　销　者：	山西出版传媒集团·山西人民出版社
承　印　厂：	三河市同力彩印有限公司

开　　本：	787mm×1092mm　1/32
印　　张：	16
字　　数：	480 千字
版　　次：	2023 年 5 月　第 1 版
印　　次：	2023 年 5 月　第 1 次印刷
书　　号：	ISBN 978-7-203-12766-6
定　　价：	158.00 元（全 8 册）

如有印装质量问题请与本社联系调换

目录

- 01 大禹
- 07 晏子
- 13 庄子
- 19 孙膑
- 25 陈元方
- 31 黄琬
- 37 曹操
- 43 曹冲
- 49 钟会
- 55 诸葛恪

一个在时间岛屿,
手握星辰,执笔成书的乌托邦,
立志将历史故事抽丝剥茧,
带你进入时光隧道。

大禹

三过家门而不入的贤人

姓：姒

名：文命

身份：夏朝的开国君主

朝代：夏朝

别名：大禹、夏禹、帝禹、神禹

主要事迹：治理黄河

名人访谈

您好！请问您治理黄河用了多少年呢？

 整整十三年才有了效果。

您常年在外奔波，不想念家里的亲人吗？

 当然想啦。不瞒你说，我曾经三次从家门口经过，都没有推门进去。

啊？这是为什么呢？

 那个时候，我其实很想推门进去看看我的家人。可是，黄河的水患问题还没有解决，百姓们还在饱受着水患之苦，我怎么能为了一己之私而耽搁了大事呢？

您真的很伟大，永远值得我们尊敬，是我们学习的榜样。

最意外的收获： 在治水过程中，把天下划分为九州。

> 故事再现

大禹治水

——改编自《史记》

尧舜时，九河①不治，洪水泛滥（làn）。尧用鲧（gǔn）②治水，鲧用壅（yōng）③堵之法，九年而无功。后舜用禹（yǔ）治水，禹开九州，通九道，陂（bēi）④九泽，度（duó）九山。疏通河道，因势利导，十三年终克⑤水患。一成一败，其治不同也。

最让人感动的事：一心治理黄河，三过家门而不入。

需要知道的意思

① 九河：泛指很多河流。② 鲧：上古神话传说中的人物，为颛顼（zhuān xū）帝之子，大禹之父。③ 壅：堵塞。④ 陂：在水泽边筑堤坝。⑤ 克：战胜。

译文

在尧帝和舜帝统治的时候，天下许多河流都得不到治理，洪水泛滥成灾。尧任用鲧去治理水患，鲧使用堵塞的方法，历经九年没有功效。后来，舜任用大禹治理水患。大禹（带人）划分九州，疏通了很多河道，修筑了很多堤坝，勘测了很多大山。疏通了河道后，顺着地势引导水流的方向，历经十三年终于战胜了水患。（鲧和大禹治理洪水）一个成功一个失败，是因为他们所采用的治理方法不同啊！

"错开河"与"米汤庵"的传说

一次，大禹率领众人顺着一条沟向西开去，忽然空中传来一阵叫声:"错开河,错开河,开西不如往东挪!"大家抬头一看,原来是一只大鸟在空中翩翩起舞,嘴里不停地叫喊着这几句话。众人惊讶不已,议论纷纷。大禹见到此情景,忽然好像明白了什么,就带着几个有经验的人攀上高峰,勘察山形和水势。这时大禹才明白,如果按原定的计划往西开,不仅工程艰巨,而且不利于洪水疏导。于是大禹更改了计划,带领民众向偏东的方向开去,工程进度也因此加快了许多。后人就将龙门岔口偏西的一段河道起名为"错开河"。

有一年,正值炎暑时节,开河的人们口干舌燥、汗流浃背。大禹差人送水,但随着开河人数与日俱增,水就渐渐供不应求了。大禹为此焦急万分。

这时,不知从什么地方来了一位老妈妈,身边跟着一个小女孩,

她们竟在后崖下支起锅，烧起米汤来。大家看那口锅不大，煮的米汤也就够几个人喝的，谁也没当一回事。可奇怪的是，不管人们从锅里舀出多少米汤，它都不见减少，可以说是取之不尽，用之不竭。人们喝着可口的米汤，开凿龙门的劲头也就更足了。等到龙门开通，人们想感谢那位老妈妈时，却怎么都找不到她了。后来人们就议论说，那位老妈妈是天上的王母下凡来帮助大禹治水的。为了纪念老妈妈的功绩，人们就将她烧米汤的地方叫作"米汤庵"。

成长心语

鲧用筑堤坝来阻拦洪水的办法治理黄河，但是失败了。大禹没有沿用父亲的方式，而是想出了疏导的方法。这个故事告诉我们，应疏堵结合，为问题找到正确的突破口。

晏子

口才一流的外交家

本名：晏婴

朝代：春秋

字：仲

身份：齐国政治家、思想家、外交家

主要事迹：辅佐齐灵公、齐庄公、齐景公三位国君

著名事件：二桃杀三士、晏子使楚

名人访谈

晏子先生,世人都知道您的口才特别好,请问您这是天生的吗?

哪有什么天生的口才啊!没有人一生下来就能说会道。

那您的口才是怎样炼成的呢?可以传授一下经验吗?

非常乐意!我认为首先得博览群书,增加自己的知识储备,增长见识。

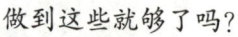

做到这些就够了吗?

具备了这些条件以后,还要善于倾听别人说话,找出可以反击对方的点。

您的这些经验太重要了,我要一字不落地告诉同学们。

最无奈的事:经常劝谏国君,但忠言逆耳,他们很少能听进去。

|| 故事再现 ||

晏子使楚

——选自《晏子春秋》

晏子使楚。楚人以①晏子短②,为小门于大门之侧而延③晏子。晏子不入,曰:"使狗国者,从狗门入;今臣使楚,不当从此门入。"傧(bīn)者④更道,从大门入。

最自豪的事:辅佐三位国君长达五十年。

需要知道的意思

① 以：因为。② 短：短小，这里指人的身材矮小。③ 延：请。④ 傧者：专门迎接招待宾客的人。

译文

晏子出使楚国。楚人因为晏子身材矮小，就在大门的旁边开了一个小门请晏子进去。晏子不进，说："出使狗国的人，从狗洞进去；今天我出使楚国，不应该从这个门进去。"迎接宾客的人只好改道，（让晏子）从大门进去。

南橘北枳（zhǐ）

晏子将要出使楚国。楚王听说这消息后，对身边的人说："晏子是齐国善于辞令的人，现在他要来出使楚国，我想趁机羞辱他，该用什么办法呢？"身边的人回答说："等他到来的时候，请让我捆绑一个人带到您面前。那时您就问：'这人是干什么的？'我

最意外的事：因为忠心耿耿避免了杀身之祸。

回答说：'他是齐国人。'您再问：'他犯了什么罪？'我回答说：'犯了偷盗罪。'"楚王觉得这个主意不错。

晏子到了楚国，楚王摆酒席招待晏子，就在他们喝酒喝得正畅快的时候，突然两个官吏捆着一个人来到楚王跟前。楚王假意问道："捆着的人是干什么的？"官吏回答说："是齐国人，犯了偷盗的罪。"楚王看着晏子说："齐国人难道本来就善于偷盗吗？"晏子离开座位，严肃地回答说："我听说橘树生长在淮河

最气愤的事：出使楚国的时候，被楚国人嘲讽个子矮小。

以南就是橘树,生长在淮河以北就变成枳树,它们叶子相似,但果实味道不一样。为什么会这样呢?是因为水土不一样。现在这人在齐国不偷盗,进入楚国就偷盗,难道是楚国的水土使人变得易于偷盗吗?"楚王尴尬地笑着说:"圣贤的人是不能跟他开玩笑的。我反而遭到了羞辱。"

成长心语

晏子作为使臣受到楚王的暗讽和捉弄,但是他不卑不亢,不急不躁,运用自己的聪明机智和好口才回击了对方。当我们遇到类似的情况时,不妨学一学晏子,机智勇敢地反击。

最扬眉吐气的事:凭借好口才让楚国人心服口服,不敢小瞧自己。

庄子
逍遥自在"老神仙"

本名：庄周

身份：思想家、哲学家、文学家

朝代：战国

生卒年：约前369—约前286年

代表作：《逍遥游》《齐物论》

名人访谈

庄子先生，您好！您在文学、思想方面都有很深的造诣。能说说您为什么能取得这么大的成就吗？

道理很简单，因为我不会被外界的事打扰，能专心地研究学问。

有人请您做官，您也不去吗？

不去！再大的官在我眼里都是臭老鼠，我一点儿也不稀罕。

那您每天都读书做研究，不会觉得枯燥吗？

怎么可能枯燥？书中有那么多有趣的故事，我脑子里有那么多想法，简直其乐无穷！

听了您的话，我好像突然明白了什么。谢谢您，庄子先生！

蕴含"逍遥"思想的句子：日出而作，日入而息，逍遥于天地之间而心意自得。

> 故事再现

庄子与惠子①游于濠（háo）梁之上

——选自《庄子》

庄子与惠子游于濠梁之上。庄子曰："鯈（tiáo）鱼②出游从容，是鱼之乐也。"惠子曰："子非鱼，安③知鱼之乐？"庄子曰："子非我，安知我不知鱼之乐？"惠子曰："我非子，固不知子矣；子固④非鱼也，子之不知鱼之乐，全⑤矣！"庄子曰："请循⑥其本。子曰'汝安知鱼乐'云者，既已知吾知之而问我。我知之濠上也。"

> 需要知道的意思

① 惠子：惠施，庄子好友。② 鯈鱼：一种小鱼。③ 安：怎么，哪里。④ 固：本来。⑤ 全：完全，肯定。⑥ 循：追溯。

激励人珍惜时光的句子：人生天地之间，若白驹之过隙，忽然而已。

译文

庄子和惠子一起在濠水的桥上游玩。庄子说:"鱼在河水中游得多么悠闲自得,这是鱼的快乐。"惠子说:"你不是鱼,怎么知道鱼的快乐呢?"庄子说:"你不是我,怎么知道我不知道鱼的快乐呢?"惠子说:"我不是你,固然不知道你是否知道鱼的快乐;你本来不是鱼,你也就不知道鱼的快乐,这是可以完全确定的。"庄子说:"让我们追溯话题本源,你说'你哪里知道鱼的快乐'这句话时,就说明你很清楚我知道鱼的快乐才来问我的。我是在濠水的桥上知道的。"

淡泊名利的庄子

庄子,战国中期道家学派的代表人物,庄学的创立者，与老子并称"老庄"。庄子的散文在先秦诸子中独具风格，大量采用并虚构寓言故事，想象奇特，形象生动，能把微妙难言的哲理说得引人入胜。其代表作品为《庄子》，里面的名篇有《逍遥游》《齐物论》《养生主》等。

庄子除做过漆园吏以外，再没有做过其他的官。楚威王曾派人邀请庄子担任楚国宰相。庄子说，他宁做泥里嬉戏的活乌龟，也不愿意做庙堂用以卜卦的死龟。于是，他拒绝了楚威王的邀请。

惠施与庄子是好朋友，后来惠施到梁国做官，担任宰相一职。一次，庄子前去梁国看望惠施。有人知道这个消息后，就告诉惠施，说："庄子的才华和名气都很大，他这次来恐怕是要代替你做梁国的宰相的。"

惠施于是下令搜寻庄子，一直找了三天三夜。庄子得知后，

揭示人的追求不同的句子：众人重利，廉士重名，贤人尚志，圣人贵精。

主动去见惠施，对他说："我听说南方有一种鸟，从南方飞到北海，一路上遇不到梧桐树不休息，不是竹子的果实不吃，不是甘甜的泉水不喝。有一只猫头鹰碰到一只腐烂的耗子，见这种鸟从它头顶飞过时，便张开翅膀护着耗子，发出怒斥声。如今，你也想用梁国的相位来恐吓我吗？"

说完，庄子拂袖而去。一国之相对庄子而言，如同一只腐烂的老鼠。庄子一生潜心发展道家学说，对世俗名利视若浮云。他主张修身养性，清静无为，顺应自然，追求精神逍遥自在，一直过着深居简出的隐居生活。

成长心语

淡泊名利，不被外界环境干扰，一心一意地做自己喜欢的事。这个道理说起来简单，真正能够做到的却很少。庄子不是对世事不闻不问，而是有一种超然物外的大智慧，对自我有着清醒的认知。

揭示认知差距的句子： 井蛙不可以语于海者，拘于虚也；夏虫不可以语于冰者，笃于时也。

孙膑

伟大的齐国军师

派别：兵家

对手：庞涓

职业：军事家

朝代：战国

代表作：《孙膑兵法》

主要事迹：桂陵之战、马陵之战

名人访谈

孙膑先生,听说您遭受膑刑是因为庞涓?

这件事一说起来就让人痛心。我们本是同窗,想不到他竟会这样迫害我!

那么您又是怎么来到齐国的呢?

这得感谢齐国使者的帮助。

后来,您辅佐齐国大将田忌两次击败庞涓。您不愧是伟大的军事家,我佩服得五体投地!

军事说到底也是一种谋略和智慧,人数的多寡、武力的强弱都只是决定战争胜败的因素之一,战略与战术也同样重要。

很有道理,晚生受教了。

最高兴的事: 两次击败庞涓,奠定齐国的霸业。

> 故事再现

田忌赛马

——选自《史记》

忌数(shuò)①与齐诸公子驰逐②重射③。孙子见其马足不甚相远,马有上、中、下辈。于是孙膑谓田忌曰:"君弟④重射,臣能令君胜。"田忌信然之,与王及诸公子逐射千金。及临质⑤,孙子曰:"今以君之下驷(sì)与彼上驷,取君上驷与彼中驷,取君中驷与彼下驷。"既驰三辈毕,而田忌一不胜而再胜,卒⑥得王千金。于是忌进⑦孙子于威王。威王问兵法,遂以为师⑧。

> 需要知道的意思

① 数:形容次数多。② 驰逐:赛马。③ 重射:下很大的赌注。④ 弟:只管。⑤ 临质:临近比赛的时候。⑥ 卒:最后。⑦ 进:推荐。⑧ 师:军师。

战略思想:必攻不守.

译文

田忌经常与齐国众公子赛马,下很大的赌注。孙膑发现他们的马脚力都差不多,可分为上、中、下三等。于是孙膑对田忌说:"您只管下大赌注,我能让您取胜。"田忌相信并答应了他,与齐王和众公子用千金来赌。临近比赛的时候,孙膑说:"现在用您的下等马对付他们的上等马,拿您的上等马对付他们的中等马,拿您的中等马对付他们的下等马。"这样三场比赛后,田忌一场败而两场胜,最终赢得齐王的千金赌注。

于是,田忌向齐威王推荐了孙膑。齐威王向孙膑请教兵法后,就请他担任了军师。

田忌与孙膑

田忌,生卒年不详,妫姓,田氏(也作陈氏),名忌,字子期,封于徐州(今山东省滕(téng)州市),故又称徐州子期。他是战国初期齐国著名的战将,深受齐威王的信赖和喜爱。他和孙膑在生活上是互相关心的好朋友,在军事上是不可或缺的合作伙伴。

公元前354年,魏国出兵攻打赵国,并且包围了赵国的都城邯郸。赵国危在旦夕,赵王急忙派出使者向齐国求救。齐国派兵相助,任命田忌为主将,孙膑为参谋,最后,孙膑

军事态度:慎重地对待战争,反对穷兵黩武。

以"围魏救赵"的兵法大胜,史称"桂陵之战"。

后来,为弥补在桂陵之战的损失,魏国攻打韩国,韩国也来求救于齐国。齐国答应派兵相助,仍由田忌为主将,孙膑为参谋。最后,孙膑根据魏军骄傲轻敌、急于求战而冒进的情况,提出用"减灶之计",诱使魏军大将庞涓轻敌深入,最后庞涓被杀,齐国大胜,史称"马陵之战"。

田忌和孙膑两人合力保卫齐国,为齐国的发展和壮大作出了巨大的贡献。

成长心语

田忌赛马的故事告诉我们,要认清自己和对手的优劣势,要用自己的长处去应对对手的短处。懂得扬长避短,方能取得胜利。而田忌与孙膑的交往,让我们明白了朋友之间互相尊重、彼此信任的重要性,只有这样才能攻克一次次难关,达成一个个目标。

陈元方

高风亮节真君子

本名：陈纪

朝代：东汉

身份：道德家

生卒年：129—199年

籍贯：今河南省

名人访谈

陈元方先生,听说您七岁的时候就敢指责父亲的朋友。这是怎么回事呢?

因为那位长辈做得太过分了。其实也不算指责,我只是向他陈述了实际情况。

哦,他做了什么过分的事呢?

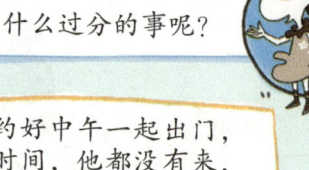

他和我父亲原本约好中午一起出门,可是父亲等了他好长时间,他都没有来,于是父亲只好先离开了。没想到,他来了之后,不仅不反思自己的错误,还指责我父亲不讲信用。

这就不对了呢。

是啊!明明是他不讲信用,却反过来指责我的父亲。

您当时那么小,就已经知道维护父亲的声誉,值得点赞!

最得意的事: 与父亲陈寔(shí)和弟弟陈谌在当时并称为"三君"。

> 故事再现

陈元方答客

——选自《世说新语》

陈太丘与友期①行,期日中。过中不至,太丘舍②去,去后乃③至。元方时年七岁,门外戏。客问元方:"尊君在不(fǒu)④?"答曰:"待君久不至,已去。"友人便怒曰:"非人哉!与人期行,相委⑤而去。"元方曰:"君与家君⑥期日中。日中不至,则是无信;对子骂父,则是无礼。"友人惭,下车引⑦之。元方入门不顾⑧。

需要知道的意思

① 期:约定。② 舍:舍弃,不顾。③ 乃:才。④ 不:同"否"。⑤ 委:丢下,抛弃。⑥ 家君:谦辞,对人称自己的父亲。⑦ 引:拉,这里指友好的动作。⑧ 顾:回头看。

最自豪的事:陈家满门俊才·

译文

　　陈太丘和朋友约定时间一起出行,约定时间在正午。过了正午,(朋友)没到,陈太丘就先离开了。(陈太丘)离开后,(朋友)才到。元方当时七岁,在门外玩耍。客人就问元方:"你父亲在吗?"元方回答说:"我父亲等了您很久您还未到,已经离开了。"友人便生气地说:"真不是人!和别人约定时间一起出行,却丢下别人先离开了。"元方说:"您与我父亲约定的时间在正午,正午您没到,就是不讲信用;对着孩子骂他的父亲，就是没有礼貌。"朋友感到很惭愧，下车去拉元方。元方头也不回地走进了家门。

难(nán)兄难(nán)弟

东汉时期，颍川有个叫陈寔(shí)的县令，办案公正，深受百姓爱戴。因此，陈寔在家乡具有很高的威望。陈寔有两个儿子，大儿子叫陈元方，小儿子叫陈季方。兄弟俩都是朝廷官员，德行甚佳。当时豫州的城墙上都画着他们父子三人的画像，号召百姓学习他们的品德。

陈元方和陈季方分别有一个儿子，陈元方的儿子叫陈长文，陈季方的儿子叫陈孝先。有一天，长文和孝先在一起谈论父辈的人品修养谁高谁低，他们都极自豪地夸

耀各自父亲的功德品行，觉得自己父亲是最好的，因此争论得不可开交。

这两个孩子争论不出结果，便一起去找爷爷评理。陈寔听了两个孙子的争论，哈哈大笑。陈寔很清楚两个儿子的长处：陈元方智德俱佳，陈季方才识广博。他认为陈元方和陈季方都是品学兼优的人，于是感叹道："元方难（nán）为弟，季方难（nán）为兄！"意思是兄弟两人的才华和学识相当，元方好得做他弟弟难，季方好得做他哥哥难。后来用"难兄难弟"形容兄弟都非常好，难分高下。

成长心语

做人要讲信用，答应了别人的事就一定要做到。陈元方七岁的时候就懂得这个道理，他严格要求自己，一生为人坦率真诚。我们也应该从小就养成诚实守信的美好品德，做到言而有信。

最难过的事：父亲去世。

黄琬

命途多舛的乱世人才

籍贯：今湖北省

字：子琰

生卒年：141—192年

朝代：东汉

爵位：阳泉乡侯

特点：聪慧善辩

名人访谈

黄琬先生,您好!听说您小时候就被任命为童子郎,请问童子郎是个官职吗?

不是官职,是汉魏时期帝王赐给通晓儒经的小孩子的称号。

那也很光荣啊,您为什么要拒绝呢?

我爷爷当时担任司徒一职,因为我是三公的子孙才被授予了童子郎的称号,我不觉得这有多光彩。

原来您是这样想的啊,真了不起!

荣耀要靠自己争取,依靠别人得到荣誉不是真本事。

最有骨气的事: 小时候被任命为童子郎,但果断拒绝了。

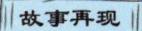

黄琬巧对

——选自《后汉书》

黄琬幼而慧。祖父琼,为①魏郡太守。建和②元年正月日食,京师③不见而琼以状闻。太后诏问所食多少。琼思其对而未知所况。琬年七岁,在旁,曰:"何不言日食之余如月之初?"琼大惊,即以其言应④诏,而深奇爱之。

> 需要知道的意思

① 为：担任。② 建和：汉桓帝年号。③ 京师：京城。这里指洛阳。④ 应：回答。

> 译文

黄琬小时候很聪明。祖父黄琼担任魏郡太守。建和元年正月发生了日食，京城看不见日食，黄琼就把听见的情况报告了朝廷。皇太后召见他，询问太阳被遮蔽了多少。黄琼思考如何回答，但又不知怎样说清。黄琬当时七岁，在一旁说道："为什么不说日食剩下的部分像刚出来的月亮？"黄琼很是吃惊，立即按照黄琬的话回复了皇太后，并且认为黄琬十分特别，很喜爱他。

盛允去疑

黄琬是东汉桓帝时大司空（官名，三公之一）黄琼的孙子。自从黄琬智说日食、拒封童子郎的事传出

最勇敢的事： 摒弃不合理的用人标准，选贤举才。

后，其名声震惊了整个京师，但司空盛允心中存疑。他认为黄琬不过是个孩子，不会有什么大能耐。

某年，盛允因病在家休息，满朝文武官员纷纷前去探望。黄琼知道后，便让孙子黄琬代表他前去探望。

黄琬来到司空府，见到盛允，急忙跪地说："祖父得知大人有疾，深感不安。但因年老体弱，又偶感风寒，不能亲自前来问候，特派孙儿黄琬代为探望。黄琬在这里代祖父向大人请安，祝大人早日康复，福寿无疆！"

盛允本想借此机会挑一挑黄琬的毛病，但听了黄琬的一番话后，觉得这孩子言语得体，不失礼数。恰

最伤心的事：因为劝董卓迁都，被罢免了官职。

在这时,江夏人反叛的奏本送到了盛允手上。盛允看后,便借机说道:"我刚收到一份奏报,上面说江夏人作乱。如此看来,你们江夏这个地方,虽然是个大邦,但是蛮人太多了,素质太差,所以才会发生作乱这种事。"黄琬不动声色地说道:"是蛮夷扰乱华夏,蛮人变多,责任都在司空身上。"说完,转身就走了。

经过这件事后,盛允觉得黄琬是个有胆量的人,对他的才华有了更深刻的认识,从心里感到佩服。

成长心语

黄琬另辟蹊径,巧妙地回答了他人的问题,这告诉我们,思考问题时不能拘泥于固有的思维,换个角度说不定会有不同的发现呢!

名人访谈

曹操先生,您好!您在带兵打仗的过程中,遇到过什么困难吗?

这太多了,就说那年夏天吧,我带着士兵们走了很远很远的路,大家的水都喝完了,荒山野岭又找不到新的水源,都渴坏了。

哎呀,那情况可真糟糕啊!

是啊!士兵们一个个东倒西歪的,都走不动了。

这可怎么办啊?

我灵机一动,想起了酸溜溜的梅子,于是指着前方,大声喊道:"前面有一大片梅树林子。"结果,士兵们真的来了精神,并最终找到了水源。哈哈……

最大的爱好:研究兵法。

> 故事再现

望梅止渴

——选自《世说新语》

魏武①行役②,失汲(jí)道③,军④皆渴,乃令曰:"前有大梅林,饶⑤子,甘酸可以解渴。"士卒闻之,口皆出水,乘此得及前源。

最不愿意提起的事:在赤壁大战中惨败。

需要知道的意思

① 魏武：指曹操。② 行役：带部队行军。③ 汲道：取水的地方。④ 三军：全军。⑤ 饶：富足，多。

译文

曹操率领部队行军，找不到取水的地方，士兵们都渴得厉害，于是他传令道："前边有一片梅树林子，那里果实非常多，梅子酸甜可口，可以用来解渴。"士兵听说后，顿时嘴里都流出了口水，他们利用这个办法才得以到达前面的水源地。

孟德献刀

大司徒王允心怀旧主，一心想除掉奸贼董卓，但苦于没有良策。一天，他以寿辰的名义设宴款待朝中大臣，实际上是召集一群忠义之士来商讨擒拿董卓的计策。宴席上，王允痛陈董卓的不仁不义。众人听后，都气愤不已，纷纷痛哭起来。只有曹操一人放声大笑，

最有气魄的名言： 夫英雄者，胸怀大志，腹有良谋，有包藏宇宙之机，吞吐天地之志者也。

嘲笑众人不去想对策，反在此哭哭啼啼。大司徒王允于是单独见了曹操。曹操告诉王允，他想借其七宝刀，入相府刺杀董卓。王允感佩曹操的胆量，于是取出宝刀，交给了曹操，方便他行事。

第二天，曹操佩着宝刀，来到相府。董卓问他为什么来迟了，曹操说因为自己的马太瘦弱跑不快，所以来迟了。董卓便命吕布去挑选一匹从西凉运来的好马，赐予曹操。吕布离去后，曹操见董卓面向内侧身

最狠的话：宁教我负天下人，休叫天下人负我！

躺于榻上,打算趁机刺杀。可正拔刀间,董卓见衣镜之中有刀光闪过,立即惊醒起身。此时,恰逢吕布也回来了,曹操灵机一动跪地捧刀说:"操有宝刀一柄,献上恩相。"董卓接过来一看,果然是把好刀,便递给吕布收了。曹操又解下刀鞘交付给吕布,出去牵着吕布为他挑选的好马趁机逃出相府,然后加鞭向东南驰去。曹操走后,吕布和董卓才怀疑刚才曹操有行刺的意图。

成长心语

曹操急中生智,借用一片梅林,激励士兵们渡过难关;刺杀董卓眼看就要露馅的时候,马上想到了献刀这一招。这些事情充分说明,曹操不但有勇有谋,而且能随机应变,不愧是乱世枭雄!

名人访谈

曹冲，你好！请问你称象的时候是几岁呀？

还不到六岁。

啊！那么小就想到了称大象的好办法，真了不起！可是，你是怎样想到这种巧妙的方式的呢？

大象太重了，我们根本没有那么大的秤去称量它。于是，我就想到了船，船依靠水的浮力，能把大象托起来。若能称出同样重量的其他物体，大象的重量自然也就知道了。

这个办法简直太棒了。

过奖，过奖！不过，大家都夸我是小神童呢。

最让人惊叹的事： 五六岁的时候，就能想出称象的方法。

称 象

——选自《三国志》

生五六岁，智意所及，有若成人之智。时孙权曾致①巨象，太祖②欲知其斤重，访之群下，咸莫能出其理③。冲曰："置象大船之上，而刻其水痕所至，称物以载之，则校（jiào）④可知矣。"太祖大悦，即施行焉。

需要知道的意思

① 致:送。② 太祖:这里指曹操。③ 理:解决问题的道理、办法。④ 校:同"较",比较。

译文

曹冲五六岁时,其知识和判断能力可以比得上成年人。当时孙权送来一头大象,曹操想要知道这头象的重量,就询问下属,却没一个人能想出称象的办法。曹冲说:"把大象放到大船上,在水位线处刻上标记,再称相同重量的东西放上去,通过比较就能知道结果了。"曹操听了很高兴,立即下令照做了。

曹冲智救库吏

东汉末年,曹操执掌大权,他严明法纪,对犯错的部下惩罚力度很大。一次,曹操的马鞍放在仓库里,

最好的朋友:周不疑。

被老鼠啃破了几处,这让管理仓库的官吏非常害怕,担心会因此送命。他惶恐不安,成天心惊胆战的。

恰巧曹冲知道了这件事,他认真想了想,然后对管理仓库的这个官吏说:"三天之后,你再去请罪吧。"接着,曹冲便把自己的衣服弄破了几处小洞,看上去很像老鼠啃食的。他装作闷闷不乐的样子去见曹操,曹操问其原因,曹冲说:"我听说衣服等物被老鼠啃

食,会给主人带来厄运。"曹操当即便说:"那都是胡说,根本不会有这样的事。"

三天后,管理仓库的官吏向曹操报告了马鞍的事,曹操正准备大发雷霆,忽然想起了曹冲衣服的事情,当即消了气,说:"我儿子的衣服也被老鼠啃食了,并没有什么影响,何况是放在仓库里的马鞍呢。"官吏因此躲过了一劫。

成长心语

当看管仓库的官吏遇到麻烦的时候,曹冲运用自己的聪明才智,帮他成功躲过一劫。这个故事让我们看到,曹冲不仅从小聪慧,还有一颗仁慈之心。

最得意的事:最受父亲曹操的喜爱。

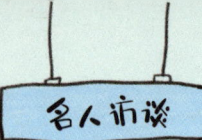

名人访谈

钟会先生,您好!您是三国时期大名鼎鼎的人物,您觉得您的名望和家人有关系吗?

 你说的是我父亲和我哥哥吧?

没错,我们都知道您父亲是大书法家,您哥哥也是有名的大臣。

 他们的名气的确都很大,但我如今所取得的成就离不开自己的努力。

您是怎样做的呢?

 从小就刻苦学习,让自己变得多才多艺。

原来是这样啊!看来是我误会您了,我向您道歉。

最自豪的事: 生在名门望族,父亲和哥哥都是历史上的名人。

> 故事再现

汗不敢出

——选自《世说新语》

钟毓（yù）、钟会少有令誉①。年十三，魏文帝闻之，语（yù）②其父钟繇曰："可令二子来。"于是敕（chì）见③。毓面有汗，帝曰："卿面何以汗？"毓对曰："战战惶惶④，汗出如浆。"复问会："卿何以不汗？"对曰："战战栗栗，汗不敢出。"

需要知道的意思

① 令誉：美名，荣誉。② 语：告诉，对……说。③ 敕见：皇帝下令接见。④ 战战惶惶：害怕得发抖的样子。

译文

钟毓和钟会在少年时期就有美好的声誉。这两个孩子十三岁时，魏文帝曹丕听说了他们的聪慧名声，就对他们的父亲钟繇说："可以让这两个孩子来见我。"于是（二人）奉旨觐见。钟毓脸上冒出了汗水，魏文帝问："你的脸上为什么出汗了呢？"钟毓回答："由于恐惧慌张，害怕得发抖，所以汗水像水浆一样流出。"魏文帝又问钟会："你为什么不出汗？"钟会回答："由于恐惧战栗，害怕得发抖，所以汗水不敢冒出。"

"楷书鼻祖"钟繇

钟繇，字元常，著名书法家，其代表作品《宣示表》

最威风的事：帮助司马昭灭掉蜀汉，得以加官晋爵。

的真迹已不存于世。钟繇出身名门望族颍川钟氏，相貌不凡，聪慧过人，是钟毓与钟会的父亲。

钟繇非常热衷学习书法，几乎到了痴狂的地步。据说，一次，钟繇发现韦诞座位上有蔡邕（yōng）的练笔秘诀，就向韦诞借阅，但韦诞就是不肯借给他。三番五次被拒绝，钟繇气得捶胸呕血，幸亏曹操用五粒灵丹救了他一命。

钟繇经常全神贯注地研习书法，有时躺在床上就以被子当纸，用手指在上面书写练习，结果时间一长，被子都穿破了；上厕所也不忘研习书法，有时竟忘记出来。

钟繇在书法方面颇有造诣，推动了楷书（小楷）的发展，被后世尊为"楷书鼻祖"。他还精通篆、隶、行、草等多种书体。他曾对儿子钟会说，这都是自己多年来勤学苦练的结果。除此之外，他也多方拜师，与其他书法高手切磋。

东晋大书法家王羲之等人都曾经潜心钻研他的书法，南朝著名书法理论家庾肩吾将钟繇的书法列为"上品之上"，唐朝著名书法家张怀瓘（guàn）在《书断》中则评其书法为"神品"。

成长心语

面见魏文帝，钟毓和钟会都很紧张，但他们的表现却不一样。最后，兄弟两人都通过巧妙幽默的回答化解了难题。这个故事告诉我们，说话也是一门艺术，一门需要好好研习的学问。

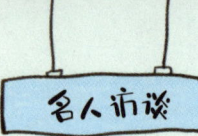

名人访谈

诸葛恪先生,听说孙权陛下曾赏赐了您一头驴,请问这是怎么一回事呢?

一次,陛下在会见大臣的时候,命人牵来一头驴,而我父亲的脸比较狭长,他们就开了个玩笑,在驴上贴了我父亲的名字。

当时您父亲一定尴尬极了。

是啊,这时候我就站出来做了一件事。

什么事呢?您能跟我们分享一下吗?

哈哈,说起来很简单,我拿起笔在我父亲名字后面加了两个字——"之驴"。

啊,您可太机智了!

最无奈的事: 体格肥胖。

> 故事再现

诸葛恪得驴

——选自《三国志》

诸葛恪字元逊,瑾(jǐn)①长子也……恪父瑾面长似驴。孙权大会群臣,使人牵一驴入,长检其面,题②曰"诸葛子瑜"。恪跪曰:"乞③请笔益④两字。"因⑤听⑥与笔。恪续其下曰"之驴"。举⑦坐⑧欢笑,乃以驴赐⑨恪。

高光时刻:东兴之战.

需要知道的意思

① 瑾：诸葛瑾，字子瑜。三国时吴国大臣，诸葛亮之兄。② 题：写。③ 乞：请求。④ 益：增加。⑤ 因：于是。⑥ 听：听从。⑦ 举：全，都。⑧ 坐：同"座"，指座位上的人。⑨ 赐：赐给。

译文

诸葛恪，字元逊，是诸葛瑾的长子。诸葛恪的父亲诸葛瑾面孔狭长，像驴的面孔。孙权会见朝臣时，派人牵一头驴进来，在驴的脸上贴了一张长标签，写着：诸葛子瑜（即诸葛瑾）。诸葛恪跪下来说："我乞求大王让我用笔增加两个字。"于是，孙权听了他的要求，给了他笔。诸葛恪在下面写了"之驴"两个字。在座的人都笑了，孙权就把这头驴赐给了诸葛恪。

智对张昭

诸葛恪是三国时期吴国名臣诸葛瑾的长子，从小聪明伶俐，口才极好。孙权非常欣赏诸葛恪，他对诸

最让人羡慕的事：从小就才思敏捷，能言善辩。

葛瑾说："人说蓝田生玉，如今看来，真是一点儿也不假。"孙权话里的意思是，只有诸葛瑾这样的名门世家，才能培养出像诸葛恪这样优秀的孩子。

一次，孙权让诸葛恪依次给大家斟酒。可是张昭因为已经有了几分醉意，不肯再喝了，便对诸葛恪说："你这样的劝酒方式，恐怕不符合尊敬老人的礼节吧？"

孙权知道张昭的心意，便故意对诸葛恪说："你能不能让张公理屈词穷，喝下这杯酒呢？"

最威风的事：率兵收服山民，被孙权拜为威北将军。

诸葛恪躬身行了一礼,自信地说:"这有何难!"

他转过身来,笑着对张昭说:"将军虽然高寿,但恐怕比姜太公还要小得多吧?想当年姜太公九十岁时,依然高举白旄(máo),手持兵器,指挥部队作战。如今,陛下英明仁爱,尊老敬贤。战场上冲锋陷阵这类的事情,将军您跟在后边;而聚会饮宴之类的事情,将军您却总被请到前面,这难道还叫不够尊敬老人吗?"

张昭听后,觉得很难反驳,只好喝了那杯酒。

成长心语

在生活中,我们也经常会遇到一些棘手的问题,这时不妨学一学诸葛恪,动动脑筋,机智灵活地去应对。这样一来,既能巧解危机,也能赢得别人的尊重。

爆笑小古文
家国责任篇 下

时间岛图书研发中心 编著

图书在版编目（CIP）数据

爆笑小古文：全8册 / 时间岛图书研发中心编绘 . —— 太原：山西人民出版社，2023.5
ISBN 978-7-203-12766-6

Ⅰ．①爆… Ⅱ．①时… Ⅲ．①文言文—小学—教学参考资料 Ⅳ．① G624.203

中国国家版本馆 CIP 数据核字 (2023) 第 069547 号

爆笑小古文：全 8 册

编　　绘：时间岛图书研发中心
责任编辑：刘　远
复　　审：傅晓红
终　　审：梁晋华
装帧设计：冯　光

出 版 者：山西出版传媒集团·山西人民出版社
地　　址：太原市建设南路 21 号
邮　　编：030012
发行营销：0351 - 4922220　4955996　4956039　4922127（传真）
天猫官网：https://sxrmcbs.tmall.com　电话：0351 - 4922159
E — mail：sxskcb@163.com　发行部
　　　　　sxskcb@126.com　总编室
网　　址：www.sxskcb.com

经 销 者：山西出版传媒集团·山西人民出版社
承 印 厂：三河市同力彩印有限公司

开　　本：787mm×1092mm　1/32
印　　张：16
字　　数：480 千字
版　　次：2023 年 5 月　第 1 版
印　　次：2023 年 5 月　第 1 次印刷
书　　号：ISBN 978-7-203-12766-6
定　　价：158.00 元（全 8 册）

如有印装质量问题请与本社联系调换

目 录

- 01 黄香
- 07 陈蕃
- 13 陆绩
- 19 诸葛亮
- 25 王彦章
- 31 李存审
- 37 范仲淹
- 43 宋仁宗
- 49 文天祥
- 55 小知识
- 58 参考答案

一个在时间岛屿，
手握星辰，执笔成书的乌托邦，
立志将历史故事抽丝剥茧，
带你进入时光隧道。

黄香

为父母暖被窝的孝子

朝代：东汉

籍贯：今湖北省

代表作：《九宫赋》

生卒年：约68—122年

主要事迹：为父母扇枕温衾

名人访谈

 黄香先生,您好!听说您很小的时候就懂得在冬天主动给父母暖被窝,确实有这样的事吗?

是的,我认为这是理所当然并且很平常的事情。

 说来真是惭愧,我小的时候都是父母给我暖被窝。

从现在起关心父母也不迟啊。

 那我应该怎样做呢?

父母在外面工作很辛苦,我们可以在家里主动为他们分担一些家务,他们知道后一定会感觉很幸福的。

 好的,以后我可以帮忙洗洗碗、扫扫地,做些力所能及的事情。

最让人称赞的事:孝敬父母.

> 故事再现

黄香温席

——选自《全相二十四孝诗选集》

昔汉时黄香，江夏①人也。年方九岁，知事亲②之理。每当夏日炎热之时，则扇父母帷帐③，令枕席清凉，蚊蚋（ruì）④远避，以待亲之安寝；至于冬日严寒，则以身暖其亲之衾（qīn）⑤，以待亲之暖卧。于是名播京师，号曰"天下无双，江夏黄香"。

最伤心的事：因水灾被免官，几个月后逝世于家中。

需要知道的意思

① 江夏:古代地名,在今湖北境内。② 事亲:孝顺父母。亲,指父母。③ 帷帐:床帐。④ 蚊蚋:蚊虫。⑤ 衾:被褥。

译文

汉朝时候的黄香是江夏人。他年纪才九岁的时候,就懂得孝顺父母的道理。每当夏日天气炎热的时候,(黄香)就用扇子扇父母的床帐,让枕头和席子清凉爽快,让蚊虫远远地避开,好让父母可以安心地睡觉;到了寒冷的冬天,就用自己的身体温暖父母的被子,好让父母睡时觉得暖和。后来,黄香的事迹流传到了京城,被人们称赞说"天下无双,江夏黄香"。

云梦盘鳝的传说

据说,一天黄香从山上打柴回来,见路上有一条两三尺长的长虫快要渴死了,就将它带回家,放进屋后的小河沟里。那长虫见了水后就活了过来，似乎还感激地向黄香点了三个头，之后便钻进了河底。

某年，黄香的父亲突然患了一种怪病，黄香请来远近闻名的郎中替父亲诊治，可父亲的病就是不见好转。黄香为此茶饭不思，人瘦了不少。一天夜里，长虫突然托梦给黄香说，他本是玉皇大帝身边的黄龙童子，因偷吃太上老君八卦炉里未炼到火候的仙丹，而在天庭发疯，被贬下凡间，变成了无牙、无舌、无鳞的长虫，名叫鳝鱼。又说，那一日多蒙黄香及时相救，使他不至干渴而死，得以繁衍后代，他愿以儿孙之躯报答救命之恩。

黄香一听鳝鱼要以儿孙之躯相报，连忙拒绝，但

鳝鱼执意要报答。黄香梦醒后，便来到屋后河沟观看，果然见沟里有很多笔杆般长短和粗细的鳝鱼，就用鱼篓装了一些回去。这些鳝鱼个头都很小，黄香将它们放进清水里养了几天，直到它们把肚子里的泥浆、杂质吐净后，再倒入开水锅里烹煮。这些小鳝鱼在开水里形成头朝里尾向外的圆盘形。黄香又将这些盘形鳝鱼放入锅里加上佐料煎熟后，再加少许水盖上锅盖焖一下，便端给父亲吃。说来也奇怪，父亲吃了盘鳝后，病就完全好了！

后来，人们就依据黄香烹饪盘鳝的做法，将这道佳肴一代一代地传了下来。

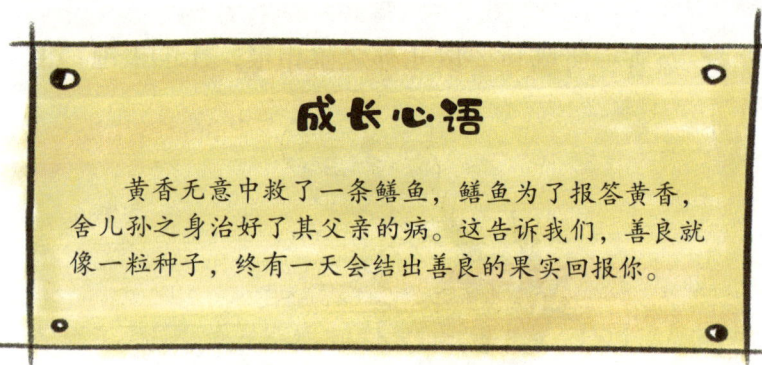

成长心语

黄香无意中救了一条鳝鱼，鳝鱼为了报答黄香，舍儿孙之身治好了其父亲的病。这告诉我们，善良就像一粒种子，终有一天会结出善良的果实回报你。

最让人感动的事：遇到水灾时，把自己的钱财分给灾民。

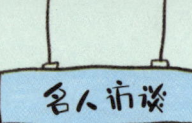

名人访谈

陈蕃先生,您好!您当面劝谏皇帝的时候,害怕过吗?

没有害怕过,皇帝也是人,也会犯错,总得有人把他的错误指出来。

那您得罪了王公大臣,想过会有什么样的后果吗?

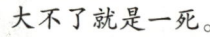
大不了就是一死。

您不怕死吗?

如果因为害怕,就不揭发坏人,不劝谏皇帝,那还要我们这些臣子做什么呢?

您说得有道理,真了不起!

最让人敬佩的事:敢于冒犯天子权威。

陈蕃欲扫天下

——选自《后汉书》

陈蕃字仲举，汝南平舆人也。祖河东太守。蕃年十五，尝闲处一室，而庭宇芜（wú）秽（huì）①。父友同郡②薛勤来候③之，谓蕃曰："孺子④何不洒扫以待宾客？"蕃曰："大丈夫处世，当扫除天下，安事一室乎？"勤知其有清世⑤志，甚奇之。

最悲愤的事： 因为上疏铲除宦官而遇害，家人也受到牵连。

需要知道的意思

① 芜秽：杂草丛生，土地荒废。② 郡：古代行政区域。③ 候：拜访。④ 孺子：小孩子。⑤ 清世：使世道清明。

译文

陈蕃字仲举，是汝南平舆人。祖父曾任河东太守。陈蕃十五岁的时候，曾经独自一人住在一处，庭院以及屋舍内杂草丛生，土地荒废。他父亲的朋友，即同城的薛勤来拜访他，对他说："小伙子，你为什么不整理打扫房间来迎接客人？"陈蕃说："大丈夫处理事情，应当以扫除天下的祸患这样的大事为己任，为什么要打理一间房子呢？"薛勤知道他有让世道清明的志向，认为他是一个特别的人。

直言进谏的名臣

陈蕃是东汉时期的名臣，少年时便有大志，师从胡广。

陈蕃是举孝廉出身,在地方上做过县令、太守。当他到京城洛阳任尚书官时,当朝的皇帝正是中国历史上有名的昏君汉桓帝。

桓帝人并不笨,但他把聪明才智全用在了不正当的事情上,害得天下百姓苦不堪言。当时,湘南零陵、桂阳两郡有人聚众上山、反抗朝廷,桓帝立即下令让大臣们商议调动大军前往讨伐的办法。

陈蕃上疏批驳说:"从前高祖以仁爱为本,开创了大汉的基业,对待民众就像父母对待怀中的赤子,关怀备至。如今,两地人民都是陛下的赤子,怎可用兵去杀?他们之所以上山,还不是因为当官的贪污腐

最高兴的事: 汉桓帝采纳自己的意见,放出宫女。

败、凶残暴戾（lì）！应责成有关部门，整顿吏治，严惩当地的贪官污吏。只有这样，民众的怨恨才能消除，动乱自然也就平息。"

桓帝看到奏章后大怒，贪官污吏更是一哄而起，大肆攻击，于是陈蕃被赶出京城，到了边远地区去做地方官。过了几年，桓帝又把陈蕃召回京城，升他为光禄勋，但他还是像过去一样直言进谏、不惧权威。从始至终他都是一位让人钦佩的刚正不阿的君子。

成长心语

陈蕃凭着一腔热血，劝谏皇帝，揭发王公大臣的罪行。他是勇敢正义、不畏强权的勇士，值得我们尊敬和纪念。

名人访谈

陆绩先生,您喜欢吃橘子吗?

橘子酸酸甜甜的,谁不喜欢呢?

那您怎么愿意把橘子留给母亲吃呢?要是换作我,早就一口气吃光了。

正是因为橘子好吃,我才要留给母亲,让她好好品尝一番。母亲生我养我,付出了很多的艰辛,吃了很多苦。我得好好孝敬她。

听了您的话,我感觉很惭愧。以后,我也要把好东西留给父母,好好孝敬他们。

说到做到哦!

后人的纪念:陆公井. 郁林石.

陆绩怀①橘

——选自《三国志》

陆绩字公纪,吴郡吴人也。父康,汉末为庐江太守。绩年六岁,于九江见袁术②。术出橘。绩怀三枚,去③,拜辞④堕地。术谓曰:"陆郎作宾客而怀橘乎?"绩跪答曰:"欲归遗(wèi)⑤母。"

最得意的事: 博学多才,十几岁的时候学识就超过了成年人。

需要知道的意思

① 怀：怀揣。② 袁术：当时的大豪强。③ 去：离开。
④ 辞：告别。⑤ 遗：赠予，送给。

译文

陆绩字公纪，是吴郡吴县人。他的父亲陆康，在汉朝末年担任庐江太守。陆绩六岁时，在九江拜见了袁术。袁术拿出橘子（招待他）。陆绩往怀里揣了三个橘子，临走时，陆绩弯腰告辞，橘子掉落在地上。袁术对他说："陆绩，你来别人家做客，为什么怀里藏了主人的橘子？"陆绩跪在地上，回答道："我打算揣回去送给母亲吃。"

载石还乡

陆绩在担任郁林太守期间，仅靠微薄的俸银，自奉节俭。他南征多年，因奔波劳累，加上不适应广西

最让人敬佩的事：当官之后，依然生活简朴。

的气候,染上了疾病,到告病辞归时,家中仍然一无所有。

大部分官员卸任时,都是满载而归,有些官员的财物一只船还装不下,但陆绩因病卸归时,几乎没有什么财物可以带上船的,以至于船轻得无法抗击海上的风浪。无奈之下,陆绩只好请船工们搬来几块巨石压舱,这才顺利启航,平安地回到了姑苏(今江苏省苏州市)。

陆绩一向以清廉为标准来教化子女。他没有将从郁林带回的压舱石弃于荒野,而是放置在宅院中,使子孙后代能时时受到警醒。因为这几块大石是陆绩从郁林带回来的,吴地的人们就称之为"郁林石"。

最自豪的事:孝敬母亲的事迹,被编入《二十四孝》,被后人传颂。

明朝年间，有位监察御史在得知陆绩载石还乡的故事后非常感动，就派人将巨石移到闻德坊（今察院场东侧），并在石头上写下"廉石"二字。清康熙四十八年，苏州知府陈鹏年在西美巷建况钟祠，并将廉石移置祠堂中。如今，这块一千多年前从遥远的南国郁林载归而来的廉石，已移置在苏州文庙，供人们永久瞻仰。

成长心语

陆绩一生都过着简朴的生活，当了官以后依然不改本色，并且以身作则教育子女。这充分体现了陆绩不忘本色、清廉中正的品格。

诸葛亮

神机妙算的传奇人物

字：孔明

号：卧龙

别称：诸葛武侯

生卒年：181—234年

代表作：《出师表》《后出师表》

名人访谈

孔明先生,您好!凭您的聪明才智,到哪里都会受到重用,您为什么要效忠刘备呢?

主公肯放下身份三顾茅庐来请我,说明他很爱惜人才;他征询我对时局大事的意见,说明他心怀天下。这样一位仁德之士,我有什么理由不效忠他呢?

据我所知,您在蜀汉进行了一系列改革,为蜀汉的发展作出了不可磨灭的贡献。刘备去世后,您还尽心尽力辅佐他的儿子,是什么在一直支撑着您呢?

我是蜀汉的臣子,为国家鞠躬尽瘁是我的责任。

您为蜀汉操劳了一辈子,辛苦了。

我只是做了自己应该做的。

最具辩证思维的话: 欲思其利,必虑其害;欲思其成,必虑其败。

故事再现

刘备托孤

——选自《三国志》

章武三年春,先主于永安病笃①,召亮于成都,属②以后事,谓亮曰:"君才十倍曹丕,必能安国,终定大事。若嗣子③可辅④,辅之;如其不才,君可自取⑤。"亮涕泣曰:"臣敢竭股肱(gōng)之力⑥,效忠贞之节⑦,继之以死!"先主又为诏敕(chì)⑧后主曰:"汝与丞相从事,事⑨之如父。"

最有启发性的话: 淫慢则不能励精,险躁则不能治性.

○ 需要知道的意思

① 笃：（病）重。② 属：同"嘱"，嘱托。③ 嗣子：指刘备的儿子刘禅。嗣，继承。④ 辅：辅佐。⑤ 自取：自己取代他为王。⑥ 竭股肱之力：用尽所有的力气。形容做事竭尽全力。⑦ 节：气节。⑧ 敕：命令。⑨ 事：侍奉。

译文

章武三年的春天，刘备在永安病情加重，把诸葛亮从成都召回来，将后事嘱托给他。（刘备）对诸葛亮说："你的才能是曹丕的十倍，必能安定国家，最终完成大业。假如继位的皇子可以辅佐的话，你就辅佐他；如果他不能成才的话，你就自己取而代之吧。"诸葛亮流着泪说："我一定尽我所能，忠于蜀国，死而后已！"刘备又写诏书命令儿子说："你与丞相一同处理国事，侍奉丞相要像对待父亲一样。"

忠臣与智者的化身

诸葛亮是三国时期蜀汉的丞相，杰出的政治家、

最适合修身的话：淡泊以明志，宁静而致远。

军事家、外交家、文学家、书法家及发明家。

诸葛亮早年跟随叔父诸葛玄到荆州生活。叔父去世后,他便在隆中一边耕种,一边读书,并暗中观察天下大势。他受刘备诚邀出山入仕,辅佐刘备建立蜀汉政权,被封为丞相、武乡侯。在这期间,诸葛亮对蜀汉进行了一系列内政改革,这些举措大大稳固了蜀汉政权的基础,为其外交政策的实施和蜀汉国力的发展提供了有力保障。

为了实现先主刘备兴复汉室的政治理想，诸葛亮亲自率兵数次北伐，虽然无功而返，但他没有放弃，仍然鞠躬尽瘁，日理万机，最后病逝于五丈原。诸葛亮作为忠臣与智者的化身，其传奇故事受到人们的传颂。

成长心语

诸葛亮是三国时期最具传奇色彩的人物之一。他用一个个奇思妙计把敌人打得团团转，他恪尽职守，为蜀汉鞠躬尽瘁，奉献了一生。他是智慧和忠诚的象征。

最有态度的话：恢弘志士之气，不宜妄自菲薄。

王彦章

忠勇双全"王铁枪"

字：贤明、子明

籍贯：今山东省

朝代：五代时期

生卒年：863—923年

身份：后梁名将

名人访谈

王彦章先生,您好!我现在有件烦心事,您能帮我出出主意吗?

说来听听。

老师要选班长了,我很想当班长,为同学们做点事,我能不能主动向老师推荐自己呢?

当然能!当年我参军的时候想当队长,大家都瞧不起我。我就把鞋一脱,光着脚踩在蒺藜(jí li)上,显示自己的勇气和决心。

您成功了吗?

成功了。你如果想当班长,就鼓起勇气去试一试吧。

我知道怎么做了,谢谢您!

最得意的事: 受到后梁两任皇帝的重用。

> 故事再现

王彦章忠君

——选自《新五代史》

唐兵攻兖（yǎn）州……（彦章）以兵少战败……庄宗①爱其骁（xiāo）②勇，欲全活③之，使人慰谕彦章。彦章谢④曰："臣与陛下血战十余年，今兵败力穷，不死何待？且臣受梁恩，非死不能报，岂有朝事⑤梁而暮事晋，生何面目见天下之人乎！"……遂见⑥杀，年六十一。

最勇敢的事：冒着家人被杀的危险，斩杀敌军使者，决不投降。

需要知道的意思

① 庄宗：五代时后唐开国皇帝。 ② 骁：勇健。 ③ 活：使动用法，使……活下去。 ④ 谢：拒绝。 ⑤ 事：侍奉，为……效力。 ⑥ 见：被。

译文

唐兵攻打兖州……（王彦章）因为兵少而战败……庄宗喜爱他勇猛善战，想要保全他，让他活下去，（于是）派人去宽慰他。彦章拒绝说："我和陛下您血战了十几年，如今战败而力气用尽了，不死还等什么？况且我受梁王的大恩，非死不能报答，哪里能早上（指过去）侍奉梁朝而晚上（指后来）侍奉晋朝的呢，这样活着还有什么脸面见天下之人啊！"……于是被杀，终年六十一岁。

乱世中的一代名将

五代时期政权纷乱，中原地区相继出现了后梁、后唐、后晋、后汉和后周这五个朝代。王彦章少年时

最气愤的事：小人从中作梗，阻挠自己的军事行动。

期便从军,加入了当时朱温的军队,这也成为他为国效力的开端。

刚入军营时,他就向长官自荐当队长。众人听到后纷纷笑他。为了让众人信服,他把鞋子一脱,光脚往有蒺藜(具有锋利果刺的一种植物)的地上走了三五趟,而且面不改色。大家纷纷赞叹不已,心服口服,认为他的确有神力。

王彦章骁勇有力,每战常为先锋,持铁枪快跑猛冲,奋疾如飞,军中都称他为"王铁枪"。连其对手

最忠义的话:岂有朝事梁而暮事晋,生何面目见天下之人乎?

后唐庄宗李存勖（xù）都要忌惮他几分。德胜口之战时，王彦章抵达滑州，第一件事就是设宴大请当地官员，但暗中却派遣几百名斧手及冶铁人员，乘船前往德胜口。在宴会中途，王彦章借口要去换衣服而离场，然后偷偷率领数千人沿黄河往德胜口而去。船上士兵烧断铁锁，用斧斩断浮桥，王彦章则率兵攻破南城。当李存勖赶来的时候，德胜南城已经被王彦章攻陷，其用兵之快让李存勖不禁感叹道："此人可畏，应该避其锋芒。"

成长心语

王彦章靠着一把铁枪勇猛杀敌，战功无数。虽然在攻打兖州时因兵少而战败，但他宁肯被杀也绝不投降。其誓死效忠国家的英雄气概让人感动。

最高的敬意：千年豹死留皮在，破家风云绕铁枪。

名人访谈

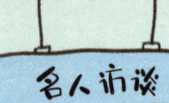

李存审先生,您为什么要给儿子看自己身上的伤疤呢?

我这一辈子都在战场上拼杀,用满身伤痕才换来了如今的成就,我想告诉孩子们,他们的安逸生活来之不易,要好好珍惜。

孩子们听您的话吗?

我很欣慰,他们都遵循我的教导,长大成才了。

如果给您一次重新选择的机会,您还会选择带兵打仗吗?

没有人喜欢打打杀杀,但朝廷需要的时候,我肯定还会第一个站出来。

太伟大了……

最得意的事: 身经百战,用兵如神。

> 故事再现

出镞(zú)教子

——选自《资治通鉴》

存审出于寒微,尝戒①诸子曰:"尔父少提一剑去乡里,四十年间,位极将相。其间出万死获一生者非一,破骨出镞②者凡百馀。"因授以所出镞,命藏之,曰:"尔曹③生于膏粱④,当知尔父起家如此也。"

最让人羡慕的事:从小就足智多谋.

需要知道的意思

①戒：同"诫"，告诫，训诫。②镞：箭头。③尔曹：你们。④膏粱：精美的膳食。这里指富贵人家。膏，肥肉；粱，精美的主食。

译文

李存审出身于贫穷没有地位的家庭，他曾经训诫他的孩子们说："你们的父亲年轻时只带一柄剑离开家乡，经过40年的奋斗，地位到达将相一级，在这中间，九死一生的情况绝不止一次，被利箭射进骨头又取出的情况上百次。"于是，他把身上取出的箭头拿给孩子们，吩咐他们收藏起来，说："你们生在富贵人家，但应该知道你们的父亲是这样起家的。"

乱世英雄

李存审自幼足智多谋，而且练就了高超的武艺，积累了丰富的军事理论素养。十三岁时，他就擅长骑

最遗憾的事：请求拜见皇帝，却遭到阻挠，最后抑郁而终。

马射箭。皇帝曾赐给他战袍战马,李存审在一日之内就射中了四十多只猎物。

他少年时性格十分豪迈,重侠义精神,而且他足智多谋,非常喜欢跟大家讨论兵法。唐末中和年间,河南一带强盗四起,民不聊生。生逢乱世的李存审悲天悯人,他追随光州刺史李罕之上了沙场。后来,李罕之因为不敌蔡文权而放弃光州转而投奔诸葛爽,李存审也跟着他到了河阳,之后,李存审多次建立战功。诸葛爽死后,李罕之等人逃到了怀州,部下不满其生

最自豪的事:率领步兵打败了契丹骑兵。

性残暴而纷纷四散,李存审跟随了晋王李克用,就此展开了其南征北伐的战争生涯。

同光二年,朝廷本来已经决定要授予李存审宣武节度使、蕃汉马步军总管的职位,只可惜诏告还未来得及发布,李存审已经在幽州官舍逝世,享年六十三岁。庄宗听到消息后痛苦良久,废朝三日,追赠李存审为尚书令,赐号"忠烈扶天启运功臣"。

成长心语

李存审征战一生,打了无数场仗。他用兵如神,总是能够根据实际情况想出不同的策略,因此成了五代时期的常胜将军,让人敬佩不已。

最欣慰的事: 儿子个个都很优秀。

名人访谈

然则何时而乐耶?其必曰"先天下之忧而忧,后天下之乐而乐"乎!

先生,您怎么读着自己的文章哭了?

唉,我一想到吃苦受难的百姓们,我的心就像刀割一样难受。

居庙堂之高则忧其民,处江湖之远则忧其君。如果有更多像您这样的人,我们的世界就会变得更加美好。

过奖了。我们那个时代仍有不少百姓生活在水深火热之中,不知道一千年以后的你们,生活过得怎么样?

我们生活在一个美好的时代,我们很幸福。

那就好,那就好啊!

最令人感动的话: 先天下之忧而忧,后天下之乐而乐。

范仲淹有志于天下

——选自《宋史》

范仲淹二岁而孤①,母贫无依,再适②长山朱氏。既长,知其世家,感泣辞母,去之③南都,入学舍。昼夜苦学,五年未尝解衣就寝。或④夜昏怠,辄以水沃面⑤,往往饘(zhān)粥⑥不充,日昃⑦始食,遂大通六经⑧之旨,慨然有志于天下。常自诵曰:"当先天下之忧而忧,后天下之乐而乐。"

需要知道的意思

① 孤：幼年失去父亲。② 适：出嫁。③ 之：到，往。④ 或：有时。⑤ 沃面：洗脸。⑥ 饘粥：稠粥。⑦ 日昃：太阳偏西，约下午2点。⑧ 六经：即《诗》《书》《礼》《易》《乐》《春秋》。

译文

范仲淹在二岁时死了父亲，家里贫穷，无依无靠，母亲只好改嫁到长山姓朱的人家。范仲淹长大后，知道了自己的身世，感动得流泪，辞别母亲，到应天府的南都学舍求学了。他白天、深夜都在埋头读书，五年里几乎都是和衣而睡。有时夜晚昏沉困倦了，就用冷水洗脸。他白天苦读，常常连稠粥都吃不饱，直到太阳偏西才吃一点儿东西，于是他精通了六部经典著作的要义，慷慨激昂地树立起了治理天下的雄心壮志。他常常自己吟诵说："应当在天下人忧愁之前先忧愁，在天下人都享乐之后再享乐。"

最有哲理的话：不以物喜，不以己悲。

"三光"风范

天圣六年(1028年),范仲淹由宰相晏殊举荐,进入秘阁任校理,负责皇家典籍的校勘(jiào kān)和整理。此时朝中各种军政要事,全凭六十多岁的刘太后决断,二十岁的宋仁宗一点儿权力也没有。太后还要仁宗在冬至这一天率满朝文武给她叩头庆寿。范仲淹听说后,便上书力谏刘太后把权力还给仁宗,并且直言道:"太后过生日,让文武百官跪拜,这会乱了体统。"为此他被贬至河中府任通判。京城的大小官员成群结队送他到城外,大家举杯饯(jiàn)别:"范君此行,极为光耀啊!"

几年后刘太后去世,宋仁宗把范仲淹召回,任命他为右司谏,也就是专门评议朝事的言官。当时宋仁宗想废掉郭皇后,范仲淹坚决反对仁宗废后。仁宗一怒之下把范仲淹贬到睦州。京城官员

最悲凉的词句: 羌管悠悠霜满地,人不寐,将军白发征夫泪。

听说后,又一次热热闹闹地来送别,大声赞扬:"范君此行,愈为光耀!"

又过数年,范仲淹再次被朝廷起用。他看到宰相吕夷简广开后门,滥用私人,朝政愈加腐败,便详细调查并绘制了一张《百官升迁次序图》,在景佑三年呈给了仁宗。他对宰相吕夷简的用人制度提出尖锐批评。吕夷简不甘示弱,反讥范仲淹迂腐。范仲淹便连上四章,论斥吕夷简狡诈。吕夷简更是诬蔑范仲淹勾结朋党,离间君臣。最后,仁宗还是站在了吕夷简一边,将范仲淹贬为饶州知州。士大夫们轰动了,第三次跑来为其饯行,并啧啧称赞:"范君此行,尤为光耀!"

成长心语

范仲淹敢于直言,因此得罪了许多王公贵胄(zhòu),一次又一次地被贬,但是,他依然不改初心。他这种坚守正义、坚持真理的精神让人敬佩。

最能体现秋思的词句:明月楼高休独倚,酒入愁肠,化作相思泪。

名人访谈

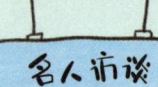

陛下,您好!听说您有一次晚上特别想吃烧羊,这事是真的吗?

是啊!那天晚上我肚子饿了,翻来覆去睡不着,就是想吃烧羊。

那您吃上了吗?

没有。

为什么?您是宋朝的皇帝,想吃烧羊,那还不是轻而易举的事情吗?

这可不行。人们要是知道我晚上想吃烧羊,以后肯定每天晚上都提前准备好,你想想那得杀多少只羊啊!这太过铺张浪费了。

您宁愿自己饿肚子,也不愿意让人杀羊,您真是一位节俭仁德的好皇帝。

最得意的事: 在位四十二年,是宋朝在位时间最长的皇帝。

> 故事再现

宋仁宗忍饥

——选自《东轩笔录》

（宋仁宗）一日晨兴，语近臣曰："昨夕因不寐①而甚饥，思食烧羊。"侍臣曰："何不降旨取索？"仁宗曰："比②闻禁中③每有索取，外面遂以为例。诚④恐自此逐夜⑤宰杀，以备非时供应。则岁月之久，害物多矣。岂不可忍一夕之馁(něi)⑥，而启无穷之杀也？"

憋屈的事：1022年即位，1033年才开始亲政。

需要知道的意思

① 寐：睡。② 比：近来。③ 禁中：皇宫。④ 诚：确实，实在。⑤ 逐夜：连夜。⑥ 馁：饥饿。

译文

（宋仁宗）一天早上起床后，对身边的大臣说："昨天晚上因为睡不着觉得肚子很饿，很想吃烧羊。"身边的近臣说："皇上为什么不下旨取些来？"仁宗说："近来听说皇宫里每次索要东西时，宫外的人就以此为例。我确实担心从此以后就会连夜杀羊，用来供应我的不时之需。那么时间一长，浪费的人力物力就很多了。怎么能因为无法忍受一时的饥饿，而开始无止境的杀戮（lù）呢？"

善于纳谏的皇帝

包拯在担任监察御史和谏官期间，屡屡犯颜直谏，唾沫星子都飞溅到了仁宗脸上，但仁宗一面用衣袖擦脸，一面还是接受了他的建议，竟然没有怪罪这个铁面无私的人。有一次，包拯要仁宗革除三司使张尧佐的职务，理由是他平庸了些。张尧佐是仁宗宠妃的伯父，这让仁宗有点儿为难，他打算让张尧佐去当节度使。包拯听后还是不同意，言辞更加激烈，带领七名言官与仁宗理论，仁宗生气地说："节度使不过是个粗官，为什么还要争论呢？"言官中有人不客气地回答道："太祖和太宗都做过节度使，这恐怕不是粗官。"张尧佐最终没能当成节度使。

一天，仁宗退朝回到寝宫，因为头痒，便呼唤梳头太监进来替他梳头。太监梳头时见仁宗怀中有一份奏折，问道："陛下收到的是什么奏折？"仁宗说是谏官建议减少宫中宫女和侍从的。太监说："大臣家

最自豪的事： 治国有方，开创了"仁宗盛治"的繁荣局面。

里都有歌伎舞女，一旦升官，还要多加些人。宫中的侍从并不多，他们却建议要削减，岂不是太过分了！"仁宗没有说话。太监又问："他们的建议，陛下准备采纳吗？"仁宗说："谏官的建议，朕当然要采纳。"太监自恃一贯为皇上所宠信，就不满地说："如果采纳，请第一个削减奴才。"仁宗听了，顿时站起呼唤主管太监入内，将二十九名宫人及梳头太监削减出宫。事后，皇后问道："梳头太监是陛下多年的亲信，又不是多余的人，为何将他也削减？"仁宗说："他劝我拒绝谏官的忠言，我怎能将他留着？"

成长心语

宋仁宗节俭仁慈，宁肯自己饿肚子，也不愿意让人大开杀戒；他听从谏官们的逆耳忠言，不断修正自己的言行。他把宽厚仁义做到了极致，是一位深受百姓尊敬和爱戴的好皇帝。

最遗憾的事：自己的儿子全部夭折了。

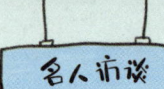

名人访谈

文天祥先生,听说您把家里的钱都拿出来充当军费了,您后悔过吗?

国家有危难,我可以力所能及地做些事情,高兴还来不及,怎么会后悔呢?

听说您好几次都被罢官了,这是真的吗?

是真的。我性格耿直,因此得罪了不少人,不得皇帝的喜欢。

那您为什么还要为皇帝效力呢?

和整个国家遭受的危难相比,我这点儿挫折又算得上什么呢!不管皇帝和其他人怎样对待我,我始终都是南宋的臣子,我热爱自己的国家。

您的这番话真让人感动啊!

最耳熟能详的话: 人生自古谁无死,留取丹心照汗青。

> 故事再现

取义成仁

——选自《宋史》

天祥临刑殊①从容,谓吏卒曰:"吾事毕矣。"南乡拜而死。数日,其妻欧阳氏收其尸,面如生,年四十七。其衣带中有赞②曰:"孔③曰成仁,孟④曰取义。惟其义尽,所以仁至。读圣贤书,所学何事?而今而后,庶几⑤无愧。"

最得意的事:进士第一名,成为状元。

需要知道的意思

① 殊：很，非常。② 赞：赞语。③ 孔：孔子。④ 孟：孟子。⑤ 庶几：也许，大概。

译文

文天祥临刑的时候很从容，对看守他的士兵说："我（挽救南宋王朝）的事业结束了！"（于是他）朝南方跪拜后被处死。几天之后，文天祥的妻子欧阳氏来给他收尸，他的面容还和活着时一样，死的时候才四十七岁。他的衣服里有一句赞语，写道："孔子说成仁，孟子说取义。只有将道义发挥到极致，所以仁德也到了极致。读圣贤的书籍，为了学习什么呢？那么从今往后，就几乎没有什么可惭愧的了。"

文天祥

文天祥是江西吉州庐陵（今江西省吉安市）人，南宋政治家、文学家、爱国诗人，与陆秀夫、张世杰并称为"宋末三杰"。

最让人敬佩的事：把家里的财产全部拿来充当军费。

文天祥二十岁即考取进士,在集英殿答对论策。文天祥以"法天不息"为题议论策对,文章有一万多字,他奋笔疾书,一气呵成。宋理宗亲自选拔他为第一名。

开庆初年,元兵攻打南宋,宦官董宋臣对宋理宗说要迁都,没有人敢议论说这是错的。文天祥当时被任命为宁海军节度判官,他上书请求斩杀董宋臣,以统一人心。宋理宗没有采纳他的建议,于是文天祥请求免职回乡。

德佑元年,元朝派出大军,要消灭南宋,身为丞相的文天祥拿出自己的家产,招募壮士,组成义军,抗击元朝。有人对他说:"元军那么强大,你这么点

最伤心的事:国家灭亡,自己的妻子儿女也被掳走。

儿人怎么抵挡？这不是带着羊去和虎拼吗？"文天祥说："我虽然势单力薄，但也要为国家尽力！"没多久，文天祥就兵败被俘了。

元世祖忽必烈非常欣赏文天祥，承诺只要他投降，就让他当丞相，文天祥毫不犹豫地拒绝了。被关押期间，忽必烈多次派人招降文天祥，文天祥坚决不肯投降，还写下了著名的《过零丁洋》和《正气歌》，以表达自己的志向。

成长心语

文天祥的一生遭遇了很多波折，但他的爱国之心从来没有变过。被俘虏后，他面对敌人的威逼利诱从不屈服，最后慷慨就义，写下了著名的《过零丁洋》。文天祥的爱国主义精神激励着我们每一个人。

最英勇的时刻： 被元军俘虏，英勇就义。

小知识

一、请补充下列句子中空缺的信息。

1. 班超是_____（填朝代）著名军事家,少有大志,虽家境贫寒,却依然勤苦学习,常常靠_____来养家。

2. 孟懿子问孝道的问题,孔子告诉他不要违背____。

3. 匈奴单于将苏武流放到了荒无人烟的_____,并令其放牧,说是等到_____才能放他回汉朝。

4. 发出"燕雀安知鸿鹄之志哉"这个感叹的历史人物是_____。

5. 孟子长大成人后修习_____,最终成就了一代大儒的美名。

6. 刘备在永安病重时,把后事嘱咐给_____。

7. "大丈夫处世,当扫除天下,安事一室乎？"说这句话的人是_____。

8. 黄香_____岁时就懂得孝顺父母的道理。

9. 怀橘遗母是关于东汉末年_____的故事。

10. 王彦章不愿侍奉过_____而又侍奉晋朝。

二、请解释下列句子中加点词的意思。

1. 越王勾践反国。_____

2. 衣不重采。_____

3. 苟富贵,无相忘。_____

4. 置胆于坐，坐卧即仰胆，饮食亦尝胆也。

5. 身自耕作，夫人自织。 _____
6. 召亮于成都。 _____
7. 诚恐自此逐夜宰杀。 _____
8. 再适长山朱氏。 _____
9. 尝辍业投笔。 _____
10. 尔曹生于膏粱，当知尔父起家如此也。
_____

三、用现代汉语说一说下列几句古文表达的意思。

1. 嗟乎！燕雀安知鸿鹄之志哉！
_____

2. 女忘会稽之耻邪？
_____

3. 君才十倍曹丕，必能安国，终定大事。
_____

4. 如其不才，君可自取。
_____

5. 则以身暖其亲之衾，以待亲之暖卧。
_____

6. 孺子何不洒扫以待宾客？
_____

7. 小子安知壮士志哉!

8. 妻止之曰:"特与婴儿戏耳。"

9. 今兵败力穷,不死何待?

10. 虽无飞,飞必冲天;虽无鸣,鸣必惊人。

四、读名人小故事,收获成长大道理。

1. 读故事《曾子杀彘》,想一想它告诉了我们一个什么道理。说一说你读到过的类似的故事。

2. 请你写出几个有关诚实守信的成语。

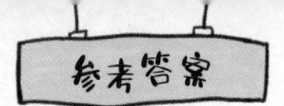

一、请补充下列句子中空缺的信息。

1. 东汉　抄书
2. 礼
3. 北海　公羊生了小羊
4. 陈胜
5. 六艺
6. 诸葛亮
7. 陈蕃
8. 九
9. 陆绩
10. 梁朝

二、请解释下列句子中加点词的意思。

1. 同"返",返回。
2. 采,通"彩"。色彩鲜艳。
3. 如果
4. 放置
5. 亲自
6. 从
7. 确实
8. 出嫁
9. 停止

10. 你们

三、用现代汉语说一说下列几句古文表达的意思。

1. 唉，燕雀怎么能知道鸿鹄的志向呢！
2. 你难道已经忘记了在会稽所受的耻辱了吗？
3. 你的才能是曹丕的十倍，必能安定国家，最终完成大业。
4. 如果他不能成才的话，你就自己取而代之吧。
5. （黄香）就用自己的身体让父母的被子变得温暖，好让父母睡时觉得暖和。
6. 小孩子你为什么不整理打扫房间来迎接客人？
7. 目光短浅的人怎么知道壮士的志向呢！
8. 妻子阻止他说："我只不过是跟孩子开玩笑罢了。"
9. 如今战败而力气用尽了，不死还等什么？
10. 虽然没有起飞，一飞必定冲天；虽然没有鸣叫，一鸣必定惊人。

四、读名人小故事，收获成长大道理。

1. 这则故事告诉我们这样一个道理：做人要讲诚信。

类似故事：战国时，商鞅得到秦孝公的赏识，并在秦孝公的支持下开始主持变法。为了树立威信、推进改革，商鞅下令在都城南门外立了一根三丈长的木头，并宣布：

谁能把这根木头搬到北门,就赏他十两金。围观的百姓都不相信,没人敢去试一试。后来,商鞅将赏金增加到五十金。结果,重赏之下站出了勇夫,有个人走出人群将木头扛到了北门。商鞅当即赏了他五十金。这一做法让商鞅立刻在百姓心中树立起了威信。就这样,商鞅的变法很快就在秦国推广开了。

2.示例:一言九鼎、一诺千金、童叟无欺。